評価が変わる、授業を変える

資質・能力を育てるカリキュラム・マネジメントと
アセスメントとしての評価

髙木展郎 著

Nobuo Takagi

三省堂

はじめに

ⅰ 時代の状況とこれからの教育の責務

　今，世界が大きく変わりつつある。

　第二次世界大戦以降，約 70 年が経過した。戦後の世界状況が，変わろうとしている。

　日本においては，1872（明治 5）年の学制によって，近代の教育が始まり，産業革命以降の西欧先進諸国のさまざまな学問や科学等を取り入れてきた。その間約 70 年を経ている。

　そしてさらに，アジア・太平洋戦争敗戦から 70 年が経過し，平成の時代も終わり令和の時代が始まり，時代が大きく変わろうとしている。教育も時代とともにその対象とする内容や，それに伴う価値観も変わる。教育に求める価値の転換や広がり，深まりが無くては，次代を創ることはできない。

　戦後の教育は 1947（昭和 22）年に日本国憲法，教育基本法，学校教育法の制定によって始まり，この 70 年の間に，戦争により焼け跡と化した日本が，高度経済成長期を経て，1960 年代から 70 年代にかけ国民総生産（GNP）世界第 2 位となったこともあった。

　この高度経済成長に伴い，学校教育においても大学受験を頂点とする教育の下，知識の習得を中心とする教育が行われていた。今日まで続く大学入試を中心とした教育観は，高度経済成長期の教育観でもあり，いまだにそこから抜け出せない状況もある。

　このように，明治の学制以降，約 70 年スパンで二度の大きな変革があり，さらに，今回の学習指導要領によって，教育が大きく変わろうとしている。

　時代が変わる中で，それぞれの時代時代が学校教育に求めるものも変化してきた。次代を生きる子どもたちが，どのように生きていくのかも不透明である。

　何に価値をおき，何を資質・能力とするのか。教育によって，それをどのように育成するのか。誰もわからない，というのが本音である。

　そのような，ある意味不透明な次代を生きざるを得ないこれからの子ども

たちは，これまで築き上げてきた価値そのものが問い直される次代を生きることになるかもしれない。その時，何をもって価値判断をし，よりよく生きていくのか，その価値判断のもとになるのが，そこまでに培われてきた教育ではないだろうか。

　教育において，一つの価値を絶対的なものとして子どもたちに押しつけるのではなく，子どもたち自身が自己のそれまでの体験や経験をもとに，価値判断を行えるような大人になってほしいと考える。

　子どもたちが大人になったとき，自己の判断で行動できるような真の主体者としての存在になることができるようにするために，学校教育があるのではないだろうか。

　これまでの日本の学校教育における学力観を大きく捉えると，知識の習得なのか，体験や経験の過程の中で次第に学力が構成されるのかという二項対立の中で捉える考え方や，まず知識を習得し，それをもとに習熟と探究を図るという段階的な考え方等がいわれてきた。

　しかし，新学習指導要領では，コンテンツベースとしての学ぶべき知識を系統的に整理した内容を重視するのか，コンピテンシーベースとしての資質・能力を重視するのかという二項対立で学力を捉えてはいない。二項対立を超えて二つの学力観を相互に関係し合うものと捉えることが，これからの時代が求める学力となる資質・能力の育成には重要となる。

　資質・能力の育成のためには知識の質や量も重要となる。さらに，思考力や判断力，表現力も，他者とのコミュニケーションを図るためには必要となるのである。

　このような時代の中で，未来を生きる子どもたちに求められる学力としての「資質・能力」をいかに育成するかが，これからの教育に課せられた重要な課題である。

ⅱ　本書で述べようとしていること

　今回の学習指導要領改訂において，新たに示された内容としてとりわけ重要なことは，「第1章　総則　第1」（高等学校では「第1款　5」）における，

以下の指摘である（小 p.18，中・高 p.20）。

> 4　各学校においては，児童（生徒）や学校，地域の実態を適切に把握し，教育の目的や目標の実現に必要な教育の内容等を教科等横断的な視点で組み立てていくこと，教育課程の実施状況を評価してその改善を図っていくこと，教育課程の実施に必要な人的又は物的な体制を確保するとともにその改善を図っていくことなどを通して，教育課程に基づき組織的かつ計画的に各学校の教育活動の質の向上を図っていくこと（以下「カリキュラム・マネジメント」という。）に努めるものとする。

　上記には，これまで学校教育で行われてきた，教科の授業を中心にした教育活動からのパラダイムシフトを求めていることが認められる。わけても，「教育課程の実施状況を評価してその改善を図っていくこと」は，これまでの学習指導要領には示されていなかった。

　教育課程とは，Curriculum のことであり，それは，「学校教育の目的や目標を達成するために，教育の内容を児童（生徒）の心身の発達に応じ，授業時数との関連において総合的に組織した各学校の教育計画であると言うことができ，その際，学校の教育目標の設定，指導内容の組織及び授業時数の配当が教育課程の編成の基本的な要素になってくる。」（「学習指導要領解説総則編」小・中 p.11，高 p.14）と示されている。

　ここでは，各学校の教育計画を作成すること，さらに，それを授業でどのように具体化を図るか，また，各学校の教育計画が適切であるか，授業が子どもたちの資質・能力の育成を図ることができているか等，それぞれの学校が行っている教育を検証しながらその質を高め，よりよくしていることが求められている。

　つまり，この一連の教育活動をよりよくしていくためにあるのが，カリキュラム・マネジメントであると言えよう。

　カリキュラム・マネジメントが対象とするのは，5 ページの図に示したように，各学校の教育活動の総体である。具体的な構成要素としては，学校の

グランドデザイン（目標・年間教育計画など），各学年のグランドデザイン，各教科等のグランドデザイン，各教科等の年間指導計画，各教科等の単元や題材の指導案があげられる。

　さらに，上記の教育の構成要素を，各学校としてそれぞれに実施し評価し，改善することが重要となる。

カリキュラム・マネジメント

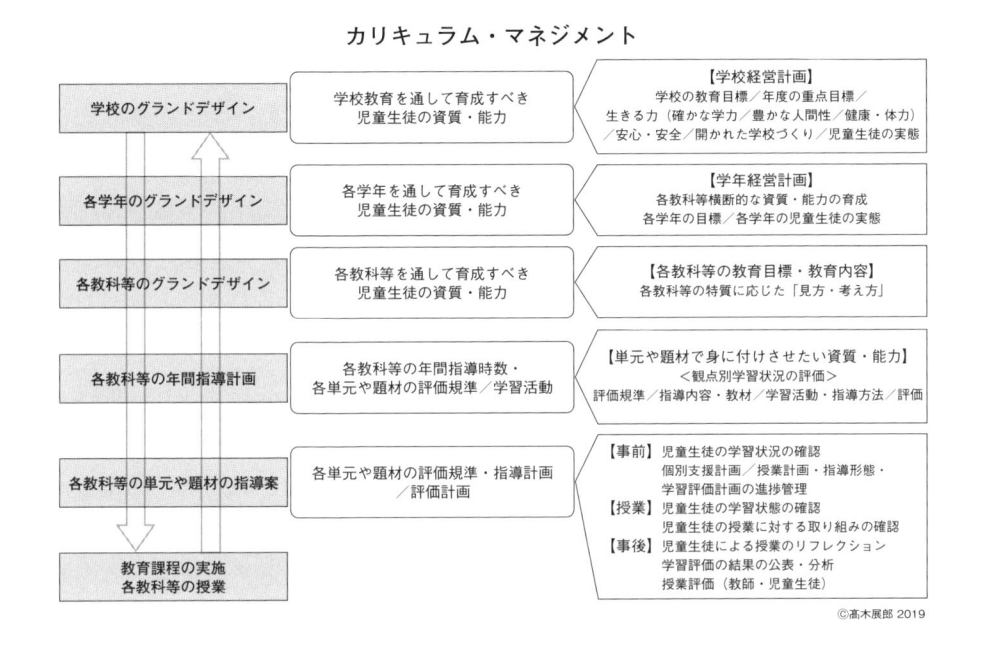

©髙木展郎 2019

　これまでも学校評価や授業評価，学習評価等は，それぞれが個別に行われてはきた。しかし，学校教育を全体として捉え，それをよりよくしていくためには，カリキュラム・マネジメントが対象としている教育活動の実際を対象とした評価と，教育課程を構成するそれぞれの個別の要素を対象とした評価とを行わなければならない。それぞれの評価が切り離されたままでは，教育課程全体をよりよくすることにはつながらない。

　今回の学習指導要領改訂の経緯をみると，中央教育審議会「幼稚園，小学校，中学校，高等学校及び特別支援学校の学習指導要領等の改善及び必要な

方策等について（答申）」（2016〈平成28〉年12月21日）をもとに，幼稚園・小学校・中学校・高等学校・特別支援学校の教育要領，学習指導要領が改訂された。次に，中央教育審議会「児童生徒の学習評価の在り方について（報告）」（2019〈平成31〉年1月21日）が示され，さらに文部科学省初等中等教育局長「小学校，中学校，高等学校及び特別支援学校等における児童生徒の学習評価及び指導要録の改善等について（通知）」（2019〈平成31〉年3月29日）が出されたことで，学校教育で行うべき内容の全体像が示された。

　これまで評価は，ともすると学習評価のみに関心が向くことが多く，カリキュラム・マネジメントとしての他の構成要素の評価に焦点があたることは少なかった。しかし，学校評価は2002（平成14）年4月に施行された「小学校設置基準」等において定められ，さらに，2006（平成18）年3月に「義務教育諸学校における学校評価ガイドライン」が出され，各学校や設置者の取組の参考とされるようになった。なお，「学校評価ガイドライン」は，以後，平成20年，22年，28年の改訂を経て，今日に至っている。

　「評価」という用語は，Evaluation（値踏みをする）という意味とAssessment（支援する，支える）という意味とがあるが，学校教育をよりよくするためには，Assessmentとしての評価を行うことが大切である。それは，教育という営為を対象とし，学校教育全体に関わってよさを認め，子どもたちをよりよくしていくことにつながる。これまでは，評価というと対象を値踏みしたり序列を付けたりすることと捉えられることが多かった。これからの時代が求める評価は，教育という営為に関わるさまざまなものを，これまで以上にいかによくしていくかにかかっている。

　本書では，教育の大きな変革期を迎えている今日，これからの子どもたちの未来を創る教育に関して，「何を，どのように」転換していくかに視点をおきつつ，教育活動総体を視野に入れ，「評価」を基軸としたパラダイムにシフトしていく方向性について考察した。

目　次

第Ⅳ章　評価によって子どもを育てる　　189

〈装丁〉
ラボラトリーズ
〈組版〉
双文社印刷

これからの時代が求める評価

1. 「評価」ということの意味

① 結果としての学習評価

　「評価」という言葉は，日本語では一つの使われ方しかされておらず，この言葉が内包しているいくつかの意味をあまり区別しないで用いられる傾向にある。例えば，「成績を付ける」ということと，評価が一体化して使われていることもある。それは，評価が，序列を付けたり値踏みをしたりすることと捉えられていることに象徴されている。

　成績という言葉を辞書で引くと「学生・生徒などの学業のできぐあい。」（『大辞林　第三版』三省堂，2006 年）とある。成績という言葉は，学びの結果としての意味で使われていることがわかる。さらに，成績評価という言葉もあるが，この言葉は，学校における学習などを行った活動の成果について成績とし，その評価またはその評価の結果としての成績評価という意味になる。まさに成し遂げ，仕上げとして「成る」ことと，積み上げたことの結果としての「績（つむぐ）」の意味が重なり，成し遂げ仕上げたものの結果が成績評価になるのである。

　つまり，この成績という言葉に込められている意味は，結果としての学習評価ということであり，学びの過程における学習評価，という意味はない。

　この結果としての学習評価は，戦前にも成績表や通信簿として通知されていたが，1948（昭和 23）年に学籍簿（翌年から指導要録と改称）が導入されたことで，「評価」という用語として一般に定着した。これは，1947（昭和 22）年からの学習指導要領試案に，集団に準拠した評価としての相対評価が導入されたことによるところが大きい。

　相対評価では，評価の対象を授業を行う対象の集団とし，その集団の中での評価の割り振りを，5 は 7％，4 は 24％，3 は 38％，2 は 24％，1 は 7％と決め，評価を行う。その対象は，同じ内容の授業を行っている一つ一つの学級なので，複数の学級を対象にして学年全体で平均点を出すということは，本来の相対評価としては意味のないものとなる。さらに，一つの学年において指導者が異なる場合の，学年としての相対評価や平均点の算出も意味のな

いものとなる。

　平均点の算出は，集団に準拠した評価を学級単位で行う相対評価では意味があるが，今日行われている目標に準拠した評価で平均点を算出することは，その趣旨と異なるため，全く意味のないものであることを確認しておきたい。

　さて，結果としての学習評価は，1948（昭和23）年から日本の学校教育に定位してきたが，集団に準拠した評価としての相対評価は，その後，学習指導要領の改訂に合わせて少しずつではあるが，例えば「絶対評価を加味した相対評価」というようなものを含め，改善が図られてきた。

　その学習評価が大きく転換したのは，1998（平成10）年版の学習指導要領の改訂に合わせて，2001（平成13）年4月の「指導要録の改善通知」（高等学校は2004〈平成16〉年）に導入された目標に準拠した評価からである。

　この目標に準拠した評価では，それまでの集団に準拠した評価（相対評価）から，一人一人の子どもの学びの内容を問い，学びの質を問うものへと転換を図ろうとしている。だからこそ，目標に準拠した評価では，観点別学習状況の評価を行うことが重要となる。

　観点別学習状況の評価は，単元や題材において，学習者に身に付けさせたい資質・能力（学力）として目標設定した内容の実現を図るため，内容をいくつかの観点に分けて，一人一人の学習状況を丁寧に評価するためのものである。

　戦後教育の中で行われてきた集団に準拠した相対評価による序列を付ける評価からの転換が，この目標に準拠した評価によって図られたのである。ここに，日本の教育における評価の重要な結節点があるが，一方いまだに昭和20年代の評価に捕らわれ続けている現状もある。

　未来を生きる子どもたちには，未来に通用する資質・能力の育成を図らなくてはならない。そのためには，未来に必要な資質・能力を育成するための指標としての評価への転換が求められている。

② 評価観の転換に向けて

　日本の学校教育における学習評価は，学習指導要領が示す目標と学習内容

に合わせ，その時代時代が求める学力の内容を評価してきている。これまで行われてきた学習評価は，その時代性を反映したものであり，時代が求める学力の内容を，評価を通し学校教育の各授業において育成を図ってきた。また，その時代時代における授業も，その時代においては優れたものであったと言えよう。

しかし，時代は変わる。

時代が変わる中で，未来を生きる子どもたちの，未来で必要とされる資質・能力も変わっていかなくてはならない。時代を見通し，これからの時代が求める資質・能力を子どもたちに育成することが，大人たちの役目でもある 。

大人たちは，ともすると自分が子どもの時に受けてきた体験や経験としての教育をもとに，今日の教育を語ろうとする。確かに，自分が受けてきた教育は肯定したい。また，戦後日本の学校教育は，優れていたかもしれない。しかし，大人が子どもの時の教育を回顧するとき，それは少なくとも，20年から30年以上前の教育を対象としている。

時代が変わる速度は，これまで以上に速くなっている。その中で，これからの時代を生きる子どもたちが必要とされる資質・能力も，変化するはずである。教育は，その未来に必要とされる資質・能力を見きわめ，次代に生きて働く資質・能力の育成を図るものでなくてはならない。

資質・能力の育成に，学校教育が大きく機能することは，言をまたないであろう。その学校教育における育成すべき学力（資質・能力）の内容の示され方が，今回の新学習指導要領において，大きく変わろうとしている。

学校教育で育成すべき資質・能力の指針としての学習指導要領が，大きく変わろうとしている今日，これまでの学習評価の在り方では，その資質・能力を十分に評価しきれなくなってきている。そこで，従前の評価観のパラダイム転換が強く求められているのである。

③ これからの時代が求める学習評価

戦後の日本の教育は，昭和30年代からの高度経済成長や，その後のバブルの崩壊も含め，それぞれの時代が求める学力の育成を図ろうとしてきた。

矛盾やうまくいかないこともあったが，大枠，今日の日本の原型を，教育によって作ってきたと言えよう。

　この日本の教育を牽引してきた学習指導要領は，これまで 1958（昭和 33）年の告示から 2010（平成 22）年まで 6 回（告示となる以前の 2 回の試案，2003〈平成 15〉年の一部改正を含めると 9 回）の改訂を行ってきた。時代ごとの学習指導要領に，それぞれの時代が求める目標と内容が示され，その学習指導要領に基づく学力の育成の内容が，評価として指導要録に記されてきた。

　しかし，このような教育の現状が今，新学習指導要領によって，これからの時代が求める資質・能力へと大きな転換が図られようとしている。

　明治維新以降の日本の近代国家としての教育は，1872（明治 5）年の学制によって始まった。この時代には，産業革命以降の欧米先進諸国の学問を移入することが主として行われてきた。しかし，学制によって始まった日本の近代教育は，アジア・太平洋戦争での日本の敗戦によって，その質を大きく転換することになった。

　戦後教育は，アメリカの GHQ の指導の下，民主国家の形成を目指すことから始まり，昭和 30 年代の東京オリンピックに象徴される高度経済成長を経て，GDP でも世界第 2 位という時代を迎えるに至る日本の復興を支えたといわれている。しかし，そこにおける教育は，大学入試を頂点とする，いわゆる偏差値教育や，詰め込み教育といわれた知識の習得を学力の中心とした教育でもあった。その教育に対して，マスメディアをはじめとする世論は，教育の質の転換を求めた。

　そこで，1977（昭和 52）年版の学習指導要領において質的な転換を図り，学校での指導時間数や内容を減らし，学校生活を「ゆとりある，しかも，充実したもの」に変えようとしたが，これもまたメディアをはじめとする世論は「ゆとり教育」というレッテルを貼り，批判をした。しかし，この時期に学習指導要領に伴って改訂された指導要録における評価項目は，今日行われている観点別学習状況の評価を取り入れた最初のものとなっている。

　そして，2008（平成 20）年版の学習指導要領によって，今日に至ってい

る（この間の学習指導要領に伴う評価の変遷については，拙著『変わる学力，変える授業。』〈三省堂，2015 年〉に詳細を書いている）。

　日本の学校教育における学力観の変遷は，まさに，学習指導要領が求めている学力の変遷でもある。そして，その学力に対しての評価も，時代とともに変遷してきている。

　2000（平成 12）年 12 月の教育課程審議会「児童生徒の学習と教育課程の実施状況の評価の在り方について（答申）」によって，1948（昭和 23）年から行われてきた評価は，目標に準拠した評価を重視し，観点別学習状況を基本とする評価に大きく変わることになる。この評価の在り方の転換は，1998（平成 10）年版の学習指導要領の実施に合わせてのものであった。

　したがって，今日，日本の学校で行われている評価は，2001（平成 13）年（高等学校はその 2004〈平成 16〉年）から行われてきていることになる。

　しかし，特に中学校や高等学校においては，いまだに 1948（昭和 23）年から行われている集団に準拠した評価の考え方からの転換ができていないのが実状である。それは，「学習評価」に対しての基本的な概念，考え方の枠組みが，社会一般において 70 年以上も前の，集団に準拠した相対評価の考え方からほとんど変わっていないことが原因とも考えられる。

　学習評価とは，学んだことをペーパーテスト等によって点数化をし，それを順に並べて序列を付けること，としてしか捉えられていないのである。

　そもそも「評価」を表す言葉として，日本語においては「評価」という用語一つしかない。それに対して英語では，「Evaluation」や「Assessment」という用語が存在する。

　Evaluation としての評価は，「値踏み，格付け（分類）」という意味である。例えば，「I am against the evaluation system of classifying students into five grades.（五つの等級に生徒を格付け〈分類〉する評価）」という言い方もある。まさにそれは，5 段階相対評価となる。これまで日本の学校教育で多く行われてきた評価は，この Evaluation としてのものであったといえよう。

　一方，Assessment としての評価の意味は，「学習過程の中で学び手がどのように向上したかを見取り，支援する評価」とすることができる。まさに，

学びを支え，学び手をよりよく向上させるための支援を行うことが，評価ということになる。

　Assessment としての評価は，学びを支援し支えることによって，学び手をよりよくすることになる。結果を問うだけではなく，学びの過程そのものを重要視し，学び手がいかに学ぶかを支援するという積極的な指導者の関わりをも含む評価となっている。近年，そのことに関連して「Assessment as Learning」（学習としての評価）ということもいわれるようになっている。

　したがって，そこには，評価者として学び手との距離をおいて評価を行うのではなく，評価者が学び手と一緒になり，いわば評価者が被評価者との垣根を取り払い，当事者として学びそのものを充実させていくことも含めて，学習評価を行うことになる。

　このように Evaluation や Assessment をみてくると，これからの学校教育に求められるのは，Assessment としての評価であることがわかる。序列を付けたり，選別・選抜のために評価を使用したりするのではなく，学び手である子どもたちの学びに，いかに寄り添い，支援し，学び手をいかによりよくしていくか，ということに学習評価が関わっていることに気付くことが大切である。

　一人一人の子どもたちには，それぞれのよさがある。そのよさを「値踏み」し「序列」を付けるのではなく，一人一人のよさを学校教育において，いかに引き出し，子ども自身が気付いていないよさに気付かせ，さらに，それまでにはもっていなかった資質・能力を獲得することができるよう，指導者が寄り添い，支援することによる Assessment としての評価が，これからの時代に求められる。

　戦後教育の中で長い間根付いてきた評価観は，これからの時代が求める資質・能力の育成のためには，適切ではなくなりつつある。学力観が大きく転換し，実社会・実生活につながる資質・能力の育成へとパラダイムシフトを図る現在，資質・能力を評価する評価観も，転換の時代を迎えている。

2. 学習評価によって子どもたちの資質・能力を伸ばす

① 資質・能力の育成

　これまで日本で行われてきた「評価」には，ある固定概念が染みついているのではないだろうか。それは，評価とは成績の序列を付けること，というものである。これは，先に述べた Evaluation としての評価である。

　しかし，これからの時代の学校教育は，新学習指導要領がその方向性を示しているように，「社会に開かれた教育課程」として，社会生活の中で求められる資質・能力を学校教育において育成しなければならない。今，まさにこうした時代を迎えている，ということに気付かなくてはならない。

　そこで求められる資質・能力は，これまでの学校教育で求めてきた学校内にとどまった学力というものではなく，実社会・実生活において求められる学力としての資質・能力である。

　中央教育審議会「幼稚園，小学校，中学校，高等学校及び特別支援学校の学習指導要領等の改善及び必要な方策等について（答申）」（2016〈平成28〉年12月21日，以下「中教審『28年答申』」）では，これからの時代が求める資質・能力として，次の図に示している三つの柱を挙げている。

　　① 　何を理解しているか　何ができるか　……「知識・技能」
　　② 　理解していること・できることをどう使うか　……「思考力・判断力・表現力等」
　　③ 　どのように社会・世界と関わり，よりよい人生を送るか　……「学びに向かう力　人間性等」

　これらの資質・能力の育成をこれからの日本の学校教育で行う方向性が，中教審「28年答申」によって示されたのである。

　この資質・能力の三つの柱を通して，これまでの日本の学校教育のよさを残しつつ，これからのグローバル化した社会の中で，日本の子どもたちに必要な学力としての資質・能力の育成を図ろうとしているのである。

　このような，これからの時代が求める資質・能力は，これまで学校の中に閉ざされていた学力の内容とは異なり，質的な転換を図らなくては育たない。

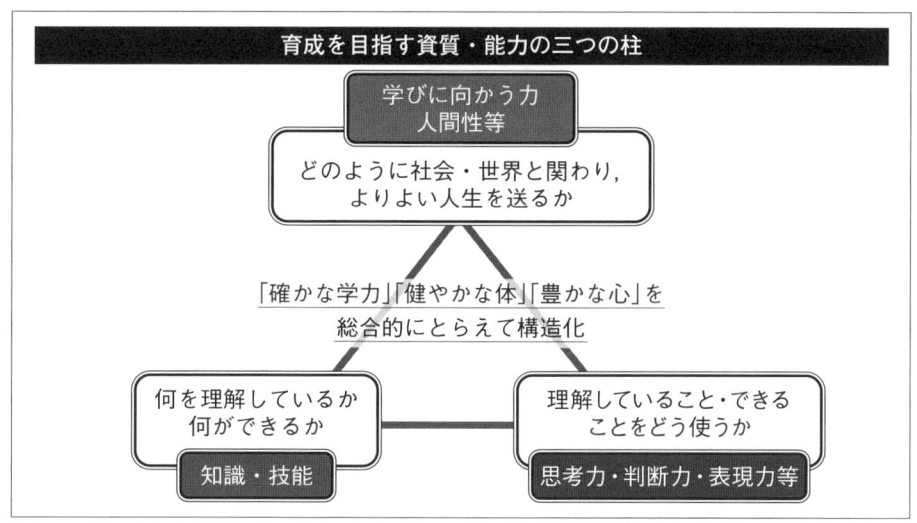

〈出典〉中教審「28年答申」p.441

　そうは言っても，このことは，これまでの日本の教育を否定するものではないことを確認しておきたい。これまでの日本の教育は，基礎的な学力とされる知識や技能の習得に関して優れていた。それは，教師の教え方が優れていたからでもあり，また学校教育において，子どもたちに基礎的な学力とされる知識や技能を身に付けさせるために，熱心な教育活動が行われてきたからでもあった。

　また，それは，育成を目指す資質・能力の三つの柱のうち「何を理解しているか　何ができるか」という，いわゆるコンテンツベースの学力の育成が，明治以降の日本の学校教育において，十分に図られてきたということでもある。

　しかし，グローバル化した社会の中で，コンテンツベースの学力のみでは，世界の中で立ち行かなくなってきた現実も現れてきている。未来を生きる子どもたちに，これまでとは異なった，さまざまな現実や状況の中で生きていくときに必要な資質・能力を育成すべき時代が到来したのである。

　この資質・能力は，それぞれがばらばらにあるのではなく，相関し合った資質・能力（Competencies）として育成され，行為・行動として表出（Action）

される。したがって，授業は，この相関し合う前掲の①，②，③の資質・能力を育成するために行われるべきものである。

　23ページの〈図1〉が示すように，三つの資質・能力を一つ一つを切り離すのではなく，相関させることにより，より高まったり深まったりしつつ，資質・能力（Competencies）として表出（Action）することが授業では問われることになる。それを，価値付け，意味付けることが学習評価となる。

　PISA調査で知られるOECD（経済協力開発機構）では，この表出した最終段階として，「これからの社会で必要な力」を示している。それは，〈図2〉右上の地球の図の中に示されている「Well-being（個人的，社会的によりよく幸せに生きること）」を実現するため，学校教育におけるさまざまな活動を通し，いかにしたらそうした資質・能力が育成されるかを，問うことにもなる。

　このことは，これまで日本の学校教育で多く行われてきた知識・技能の習得と，その再生の正確性のみを学力とすることからのパラダイム転換が伴わなければ，実現できない。

　OECDは，「Global competency for an inclusive world」（包括的な世界のためのグローバルコンピテンシー）として，〈図1〉のように，「What do children have to learn?（子どもたちは何を学ぶべきか？）」を示した。これは，2030年に子どもたちに育成すべき資質・能力の内容をOECDとして示したものである。

　ここでは，「Knowledge」，「Skills」，「Attitudes & Values」が，統合化され，それが「Competencies」として資質・能力の形で定位し，その「Competencies」が「Action」として表出している。このことから，育成すべき資質・能力は表出を通して，より確かなものになることが理解できる。そして，この〈図1〉が示す資質・能力は，OECDに加盟する先進諸国が，これからの時代に育成を目指すものでもある。

　2007（平成19）年6月に改正された学校教育法第30条第2項に示されている日本の学校教育が求める学力の重要な三つの要素である「知識及び技能」，「思考力，判断力，表現力等」，「主体的に学習に取り組む態度」は，ま

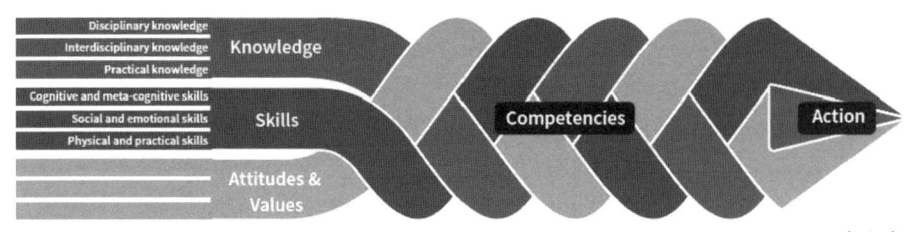

〈図1〉

〈図2〉

さに，この〈図1〉が指摘している内容と重なる。

　さらに，OECD は，「Education 2030」として，上掲の〈図2〉を示している。

　〈図2〉は，「The OECD Learning Compass」として示されたものである。〈図1〉で示されている「Knowledge」，「Skills」，「Attitudes & Values」が統合化され「Competencies」となり，その先として，この〈図2〉には「Compass（方位磁石）」がおかれている。

　この「Compass」の三枚の羽には，「Creating new Values（新しい価値の

創造)」,「Coping with Tensions & Dilemmas (緊張や対立, ジレンマへの対処)」,「Taking Responsibilities (責任ある行動)」が示されている。この三枚の羽として示されている内容が, これからの時代に求められる資質・能力といえよう。

　さらに, この「Compass」には, 上向きに矢印が示されており, その示す先のものが地球の絵の中に示された「Well-Being (個人的・社会的によりよく幸せに生きること)」となる。この「Well-Being」こそ, OECD が求める, これからの時代に児童生徒に育成すべき資質・能力にほかならない。

　この「Well-Being」とほぼ同じ内容が, 新学習指導要領が育成を目指す資質・能力の三つの柱の図 (本書 21 ページ) の頂点に「どのように社会・世界と関わり, よりよい人生を送るか」,「学びに向かう力　人間性等」として示されていることは, 注目される。

② 「育成を目指す資質・能力」の中心としての「生きる力」

　これからの時代が求める資質・能力として, 三つの柱が取り上げられていることは, 先に述べた。この中心には,「確かな学力」,「健やかな体」,「豊かな心」という「生きる力」が定位していることが重要となる。

　この三つの柱の中心にある「生きる力」は, 1996 (平成 8) 年に中央教育審議会「21 世紀を展望した我が国の教育の在り方について (第一次答申)」(平成 8 年 7 月 19 日) によって, 初めて示されたものである。

　そこでは,「生きる力」については, 以下のように示されている。

　　いかに社会が変化しようと, 自分で課題を見つけ, 自ら学び, 自ら考え, 主体的に判断し, 行動し, よりよく問題を解決する資質や能力であり, また, 自らを律しつつ, 他人とともに協調し, 他人を思いやる心や感動する心など, 豊かな人間性であると考えた。たくましく生きるための健康や体力が不可欠であることは言うまでもない。我々は, こうした資質や能力を, 変化の激しいこれからの社会を [生きる力] と称することとし, これらをバランスよくはぐくんでいくことが重要であると考えた。

　さらに，2007（平成 19）年 6 月に公布された学校教育法の一部改正により，教育基本法の改正を踏まえて，義務教育の目標が具体的に示されるとともに，小・中・高等学校等においては，以下に示す内容が学力の重要な要素として示された。

第三十条
　2　前項の場合においては，生涯にわたり学習する基盤が培われるよう，基礎的な知識及び技能を習得させるとともに，これらを活用して課題を解決するために必要な思考力，判断力，表現力その他の能力をはぐくみ，主体的に学習に取り組む態度を養うことに，特に意を用いなければならない。
（※第 49 条で中学校・第 62 条で高等学校・第 70 条で中等教育学校に準用。）

この学力の重要な要素を整理すると，以下のようになる。
　①　基礎的・基本的な知識・技能の習得
　②　知識・技能を活用して課題を解決するために必要な思考力・判断力・表現力等の育成
　③　学習意欲の涵養
　また，現行の学習指導要領のもとになる「幼稚園，小学校，中学校，高等学校及び特別支援学校の学習指導要領等の改善について（答申）」（平成 20 年 1 月 17 日）では，改正教育基本法等で示された教育の基本理念を踏まえるとともに，この当時の子どもたちの課題への対応の視点から，「生きる力」に示されている理念の共有を以下のように図ろうとしていた（p.21）。

　　改正教育基本法や学校教育法の一部改正は，「生きる力」を支える「確かな学力」，「豊かな心」，「健やかな体」の調和を重視するとともに，学力の重要な要素は，①基礎的・基本的な知識・技能の習得，②知識・技能を活用して課題を解決するために必要な思考力・判断力・表現力等，③学習意欲，であることを示した。そこで示された教育の基本理念は，現行学習指導要領が重視している「生きる力」の育成にほかならない。

③「育成すべき資質・能力」の評価

　新学習指導要領で育成を目指す資質・能力は，1996（平成8）年の「生きる力」を源流に，この20年間の日本の学校教育で育成すべき学力として，その充実が図られてきたものである。

　今日のグローバル化した社会の中でも，この「生きる力」は資質・能力として重要な要素であり，新学習指導要領でも継続してその育成を図ろうとしている。

　その資質・能力が，どのように子どもたちに育成されるかということ，そして結果としての評価だけではなく，学びのプロセスの中でどのように育成するかが，学習評価として問われている。

　これまで日本の学校教育では，先にも述べたように，1948（昭和23）年に示された「集団に準拠した評価（相対評価）」による評価が，2001（平成13）年から「目標に準拠した評価（観点別学習状況の評価）」に変わったのにもかかわらず，依然として行われている。その典型は，いまだに集団の中での序列や平均点による位置を示していることにも認められる。

　学習評価は，子ども一人一人がどのような資質・能力を身に付けたかということを意味付け，価値付けることが重要である。学習評価は，教員の授業改善のために行うとともに，子ども自身に自己の学びをメタ認知させ，さらに次の学びへと発展させるための支援をするものである。

　これから求められる資質・能力の育成のためには，これまでの序列化を図るためのペーパーテスト中心の評価から，「知識及び技能」と「思考力，判断力，表現力等」の資質・能力を，一人一人の子どもがさまざまなツールを使って表出したものを通して評価することへの転換が求められている。

　学習評価は，序列を付けることでない。一人一人の子どもの資質・能力がいかに育成できたかを，子ども一人一人に自覚させることが重要である。そのためには，どのような価値を資質・能力として身に付けるのかという目標を子どもに明示する必要がある。

　これからの時代が求める目標としての資質・能力の三つの柱の内容は，23ページのOECDの〈図2〉右側のLearning Compassの内容と軌を一にして

いる。

- Creating new values（新しい価値の創造）
- Coping with tensions and dilemmas（緊張や対立・ジレンマへの対処）
- Taking responsibilities（責任ある行動）

これらは，これまでの日本の学校教育ではあまり育成してこなかった資質・能力でもある。

④ これからの学習評価で重要なこと

　これからの時代に求められる資質・能力の育成を学校教育で行うには，繰り返しになるが，学習評価の考え方を，結果を値踏みする Evaluation としての評価から，学びのプロセスを含み子どもたちの学びの総体を支援する Assessment としての評価に転換する必要がある。

　資質・能力の育成は，学び手としての一人一人の子どもたちの特徴を認め，育んでいくことに大きな意味がある。Evaluation の評価のように，一つの尺度を用いて子どもたちを評価することは，単なる序列を付けるためや他者との比較を行うためには必要かもしれないが，一人一人の個性を伸張させ育成することにはならない。

　この序列と他者との比較をするために行う評価は，戦後，1948（昭和23）年から日本の教育界で約70年もの間用いられてきた。そのために，これが評価である，という概念が定着してしまっている。

　これからの時代が求める資質・能力を育成するには，この Evaluation としての評価の考え方から Assessment としての評価の考え方へと，一般社会を含めてパラダイム転換を行わなくてはならない。それなくしては，学校教育において，次代を生きる子どもたちに有用な資質・能力の育成を図ることは，難しいと言えよう。

　そこでは，先にも述べたが，今日学校教育に通っている子どもたちに対してだけでなく，保護者を含めた社会全体が Assessment としての評価を行うことを理解しなくては，その転換は図れない。

　保護者は，ともすると自分が受けてきた教育をもとに，かつて自分が経験

した教育が今日も継続され依然として行われているという錯覚に陥ったり，自分のそれまでの体験や経験（原体験）に依拠した教育の枠組みから抜け出せないでいたりすることがある。

　時代の変化の中で，教育が目指すものや教育内容が変わっていくことを社会全体が理解し，次代に生きる子どもたちにどのような資質・能力を育成すればよいのかを，新しい視点から考えなくてはならない。

　そこで，Assessment としての評価が重要となる。

　この Assessment としての評価については，学び手である一人一人の子どもの個性や特性に合わせて一人一人の子どもたちをいかによりよくするか，ということに焦点をあてることが大切である。

　人間一人一人，必ず違いがある。それを個性と呼ぶが，その個性の数だけ資質・能力は異なるし，また，異ならなくては人間ではないとも言えよう。

　その一人一人の個性をいかに伸ばすことができるかが，これからの時代の学校教育には求められている。それは，単に先天的なものばかりではなく，授業を通して自分に気付き，それまでにない自分を自覚し，その自分をいかによりよくするかということに焦点をあてる評価につながる。

　まさに，自己認識により，自己形成を図ることを支援することそのものが評価ということになる。

　そこでは，他者からの値踏みをされることもないし，集団の中での序列が付けられることもない。自分自身で自分を意味付け，価値付け，その意味と価値とを自覚し，さらに自分を高めていくことが評価だということになる。そして，その評価では，評価内容の質が問われることになる。

　評価は，本来一人一人の個の伸張を支えるものであり，原則として到達点はない。しかし，学校教育においては，個の伸張を図りつつも，子どもたちの学齢に合わせての目標を設定し，何を，いつ，どのように学ぶかという，学習の系統性とその内容の基準が求められる。そこで，日本では，学習する内容の基準としての教育課程である学習指導要領が定められている。

　学習指導要領に示されている教育内容の基準は，各学年の発達段階に合わせて系統的に示されており，日本全国の学習内容の機会均等を保障するもの

でもある。この学習指導要領に示されている各学年で育成すべき資質・能力の目標と内容とを明確にした上で，各学校においては，それぞれの学校の子どもたちの実態や実情に合わせ，カリキュラム・マネジメントによって指導する計画と内容とを決めることとなる。

　このような学習指導要領の内容に沿って，さらに，子どもたちの実態や実情に合わせた学習指導を通して育成された資質・能力を，Assessment の考え方に沿って評価することが，これからの時代の学校教育には求められている。

3. 入学者選抜のために行う評価

　学校における評価が人生に大きな影響を与える場面の一つは，入学者選抜試験であろう。入学者選抜のために試験を行うが，それは何のために行われるのであろうか。学校での定員を適正化するために，また，定員以上の入学希望者を学校の定員の適正規模に合うよう選抜するための序列を付けるために，入学者選抜は行われている。そこでは，序列を付けることが目的とした評価が行われている。

　これまで行われてきた集団に準拠した評価としての相対評価は，序列を付けるためには優れた評価である。それは，集団の中での位置をみるための評価であり，それゆえ，集団の中で自分はどの位置にあるかをみるには適している。

　戦後日本の教育，特に高度経済成長期以降の教育は，学歴社会の中に組み込まれ，（戦前の教育にもその傾向はあったが）「いい高校，いい大学」に進学することができれば生涯安定した職業に就けるということから，受験重視の進路指導となってきた。

　そもそも，入学者選抜試験というのは，受験する側は選択の権利を有しない制度でもある。言いかえるなら，きわめてあたりまえのことだが，入学者を選抜するのは，受験者ではなく進学先の学校である。

　それはもっともなことで，入学者選抜試験というのは，進学先の学校が，

入学後にその学校で行われるさまざまな教育に対して適している者を選抜するために行うものだからである。入学者選抜試験の主体が，受験生ではなく進学先の学校にあるのは，このような理由からである。

　したがって，進学先が求める児童生徒を試験によって選抜することが，入学試験の本質である。しかも，進学した際に，その学校での数年間の教育を行うに適している者を進学させる制度である。

　このことは逆に，選抜試験で入学をさせた以上，一人一人の子どもに，その学校での教育を全うさせるべき責任が学校には課せられるということでもある。高等学校で学業面や素行面を理由に生徒を中途退学させることがあるが，それは，入学者選抜試験において，その学校に適していない生徒を入学させてしまっているからでもある。このような生徒の中途退学に対しては，その学校での教育の在り方に問題がないかを，学校として見つめ直すことが求められる。

　さまざまな子どもたちがいることを承知した上で，入学者選抜試験を通して入学させた以上，自らの教育に責任をもたねばらならない。入学させた責任と，その学校で行われている教育内容が子どもたちを育成するためのものとして適切であるのかとを自ら問い直すことが，学校には必要である。

　子どもたちは，失敗やまちがいを通して成長する。学校は，子どもたちの失敗やまちがえを諭しながら，子どもたちを成長させることのできる機関である。もしかすると，何度も何度も失敗したりまちがえたりする子どももいるだろう。しかし，子どもが失敗したからといって，そこで投げ出さないで，何度も何度も諭し続けることが教育として行うべきことではないだろうか。子どもたちを中途退学させるということは，ある意味での教育の敗北であり，教育を途中で投げ出していることにはならないだろうか。

　入学試験を通して子どもたちを選抜したのであるならば，入学してきた子どもたちの教育に責任をもつことが求められる。その入学者選抜試験の内容として求められているのが，学習評価としての重要な，信頼性と妥当性である。この信頼性と妥当性とは，日常の学校生活における学習評価においても重要な基準となる。

　序列を付けるための入学者選抜試験においては，評価における妥当性と信頼性に加えて，公平性が求められる。しかし，この公平性も，実は，かなり主観的なものと言わざるを得ない。

　評価によって序列を付けるためには，数値によって差を付けるしかない。この数値，ということがそもそも主観的であることに気付きたい。1948（昭和 23）年の学籍簿による集団に準拠した評価としての相対評価では，戦前の主観的な評価への反省から，客観的な評価として数値による評価を導入した。

　しかし，この相対評価では，評価者の数が全体の中でのパーセンテージによって振り分けられてしまう。それは，評価者数の正規分布によるものとされるが，それは本当に客観的なのであろうか。5 段階評価の評価者数を，それぞれの段階で同数にしてはなぜいけないのか。そこには，客観的なきまりはない。

　また，一つ一つの設問に対しての配点についてみると，例えば国語の漢字の書き取りを一題 1 点にするのか 5 点にするのか，また，算数の計算問題を一題 5 点にするのか，10 点にするのか，その根拠はない。それにもかかわらず，合計点として点数化したものが客観的な数値となって序列が付く。このことは，本当に公平性や客観性があるのかと問われれば，否としか言いようがない。

　これまで，学校教育において公平性や客観性が求められてきているが，実は評価に関しては，主観的な要素が多いと言わざるを得ないのである。

　だからこそ，妥当性と信頼性を得るような評価が求められる。

　目標に準拠した評価は，学習指導要領の目標と内容を評価規準とした評価である。しかも，その評価は，数値では表すことのできない内容も評価の対象としている。

　ここに，評価観を転換する意味がある。これまでの評価観に固執していては，時代が求める資質・能力を評価することはできなくなる。

　入学者選抜のための試験も，単に公平性だけをもとに数値で序列を付けるのではなく，入学者を選ぶ側が，受験生が入学後のその学校が求める教育内

容に合致しているか，その学校にあった教育活動を実現することができるかという視点で，入学者選抜を行うことが求められる時代となっているのではないだろうか。

　これは，単にこれまで一見公平とされてきたペーパーテストによって序列を付ける入学者選抜試験では，行うことのできない評価である。入学させる学校が，それぞれの学校の設立の趣旨や目的（アドミッション・ポリシー）に合わせた，しなやかな入学者選抜の方法を打ち出すことこそ，これからの時代が求める多様な資質・能力を有した子どもたちの多様な進路を作ることになる。

　このことは，評価によって入学者選抜試験の意味を再構築し，時代が求める資質・能力の育成を図る教育活動を行うことによって可能となる。それぞれの学校の実態や実情に合わせて入学者選抜試験を行うことにより，それぞれの学校に合った教育活動を行うことのできる基盤を作ることに寄与することにもなるのである。

新学習指導要領改訂における評価

1. 新学習指導要領における学習評価

(1) 目標に準拠した評価の導入

　1977(昭和52)年改訂の学習指導要領に対応して出された1980(昭和55年)の指導要録の改善通知によって，1948(昭和23)年の学籍簿から続けられてきた評価の転換が図られ，観点別学習状況の評価が小学校と中学校とに導入された。そこでは，それまでの学習評価として行われてきた知識・理解の評価（認知面）だけではなく，関心・態度（情意面）も含む評価への転換が図られた。それは，日本の学校教育における学習評価にとって，重要な結節点となる評価観の転換であり，いわゆるAssessmentとしての評価の始まりであった。

　次に出された1989(平成元)年改訂の学習指導要領に対応した1991(平成3)年の指導要録では，観点別学習状況の評価として「関心・意欲・態度」，「思考・判断」，「技能・表現（又は技能)」，「知識・理解」の四つの観点が示された。特に，「関心・意欲・態度」の評価は，最も重視する評価として四つの観点の一番はじめに位置付けられた。

　1977(昭和52)年と1989(平成元)年の2回の学習指導要領改訂を経て，1998(平成10)年改訂の学習指導要領に合わせた指導要録は，2001(平成13)年に改訂された。そこでは，「目標に準拠した評価（いわゆる絶対評価)」が導入された。

　この評価は，学習指導要領の「目標」と「内容」（指導事項）とを各教科等の指導の目標とし，その目標の実現を図るために授業を行い，その授業において育成される学力を，観点を分けて評価するというものである。指導の目標を観点に分けることにより評価の観点が明確になり，それを指導に生かすことを「指導と評価の一体化」とした。

　しかし，この目標に準拠した評価（いわゆる絶対評価）は，括弧書きの中に示されている「いわゆる絶対評価」という表現から，認定評価（評価者の主観による評価）としての絶対評価との取りまちがいも起きてしまった。

　また，2007(平成19)年6月には，改正学校教育法第30条第2項に学力

の重要な三つの要素としての「知識及び技能」,「思考力, 判断力, 表現力等」,「主体的に学習に取り組む態度」が示されている。

　2008（平成 20）年改訂の学習指導要領での学習評価は, 2010（平成 22）年の指導要録に目標に準拠した評価として示され, 前回の 2001（平成 13）年に示された「目標に準拠した評価（いわゆる絶対評価）」の「（いわゆる絶対評価）」という言葉が消え,「目標に準拠した評価」という括弧書きのない表し方になった。

　この 2010（平成 22）年の指導要録に示された目標に準拠した評価は, 学校教育法第 30 条第 2 項に合わせて, 学力の重要な三つの要素としての評価項目にするかの検討が中央教育審議会初等中等教育分科会教育課程部会評価ワーキンググループで行われた。しかし, 目標に準拠した評価の定着がいまだ十分でない状況でもあり, 観点別学習状況の評価の観点の変更は時期尚早との判断から, 次回改訂に先送りとなった。

　2010（平成 22）年の指導要録の観点は,「関心・意欲・態度」,「思考・判断・表現」,「技能」,「知識・理解」の 4 観点とし, 学校教育法第 30 条第 2 項に合わせ, 2001（平成 13）年の指導要録の「思考・判断」,「技能・表現（又は技能）」の観点の評価項目からの変更を行っている。

　このような経緯を受け, 2017（平成 29）年 3 月に学習指導要領改訂が行われた。

(2) 新学習指導要領で求める学習評価の内容

　新学習指導要領では,「総則」の「第 3　教育課程の実施と学習評価」（高等学校では「第 3 款」）において, 以下のように学習評価についての記述がある（小 p.23, 中 p.24, 高 p.28）。

　　2　学習評価の充実
　　　学習評価の実施に当たっては, 次の事項に配慮するものとする。
　　(1)　児童（生徒）のよい点や進歩の状況などを積極的に評価し, 学習したことの意義や価値を実感できるようにすること。また, 各教科（・科目）

等の目標の実現に向けた学習状況を把握する観点から，単元や題材など内容や時間のまとまりを見通しながら評価の場面や方法を工夫して，学習の過程や成果を評価し，指導の改善や学習意欲の向上を図り，資質・能力の育成に生かすようにすること。

(2)　創意工夫の中で学習評価の妥当性や信頼性が高められるよう，組織的かつ計画的な取組を推進するとともに，学年や学校段階を越えて児童（生徒）の学習の成果が円滑に接続されるように工夫すること。

上記（1）の内容を整理すると，以下のようになる。

- 児童（生徒）のよい点や進歩の状況などを積極的に評価すること。
- 学習したことの意義や価値を実感できるようにすること。
- 各教科等の目標の実現に向けた学習状況を把握する観点から，単元や題材など内容や時間のまとまりを見通しながら評価の場面や方法を工夫すること。
- 学習の過程や成果を評価し，指導の改善や学習意欲の向上を図り，資質・能力の育成に生かすようにすること。

ここにも Assessment としての評価の方向性が示されている。子どもたちが学んだことの中で，よい点や進歩の状況，さらに，学習したことの意義や価値をリフレクションしメタ認知し，自己調整を図り，学ぶことの意味を自覚することを評価として求めている。

また，これまで1時間単位の授業の中で行われることの多かった学習評価を，スパンを長くして単元や題材のまとまりとしての評価として行うことを求めている。このことは，これまで多く行われていた1時間単位の完結した学びによっての成果を性急に求めるのではなく，時間をかけながら学んだことを学びの文脈として捉えることで，学習のつながりを図ろうとすることが求められているということである。

この学習の文脈については，新学習指導要領の目標と内容が，小学校，中学校，高等学校と系統性を図っていることからも認めることができる。さらに，この学習の成果は，（2）に示されているように，学習評価の対象を妥当

性と信頼性においていることも重要となる。

　この学習評価を妥当性と信頼性とにおくことは，中央教育審議会「児童生徒の学習評価の在り方について（報告）」（2010〈平成22〉年3月24日，以下「中教審『22年報告』」）において既に示されているが，今回も，学習評価については，その内容を妥当性と信頼性とにおいていることを確認することが重要となる。

　学習評価において「公平性」という用語を用いることがあるが，この公平性の担保は，序列を付ける評価では意味がある。しかし，今日行われている評価は目標に準拠した評価であり，そこでは子どもたち一人一人の学習を支援する評価が行われている。序列を付ける評価は集団に準拠したものであり，今日行われている目標に準拠した評価で序列を付けることは，そぐわない考え方であることを確認しておきたい。

　新学習指導要領においても，2001（平成13）年から導入された目標に準拠した評価は継続して行われる。この目標に準拠した評価は，一人一人の子どもたちのよさをいかに見取るか，いかに支え伸ばすかということが評価の目的であり，それは，まさにAssessmentとしての評価である。

　妥当性や信頼性を高めるためには，「どのように評価されるのか」という学習評価の内容と方法とを被評価者にあらかじめ知らせ，納得させておくことが求められる。そのためには，評価者としての教師一人一人が個別に評価を行うのではなく，学校としての組織的かつ計画的な評価への取組が求められる。

　子どもたちは，学級担任や教科担任を選ぶことはできない。そこで，学校で責任をもって，①「何ができるようになるか」（育成を目指す資質・能力），②「何を学ぶか」（教科等を学ぶ意義と，教科等間・学校段階間のつながりを踏まえた教育課程の編成），③「どのように学ぶか」（各教科等の指導計画の作成と実施，学習・指導の改善・充実），④「子ども一人一人の発達をどのように支援するか」（子どもの発達を踏まえた指導），⑤「何が身に付いたか」（学習評価の充実）というカリキュラム・マネジメントを被評価者に明示することが重要となる。

　子どもたちが，学校の授業を通してどのような資質・能力を自分自身に身に付けることができるか，ということをあらかじめ子どもたち本人に自覚させてから，授業に臨むことが求められる時代となった。

　この，あらかじめ子どもたちが授業を通して，どのような資質・能力を身に付けることができるかということを示すことを，「見通し」をもたせる，という。

　子どもたちに「見通し」をもたせることにより，授業に対しての意欲が生まれ，主体的な学習を創造することができるようになる。そのことは，カリキュラム・マネジメントをもとにした，学校全体での組織的・計画的な授業づくりにつながる。

　学習評価は，結果として学び手にどのような資質・能力が身に付いたか，ということを問うだけのものではない。授業中や学びの過程を通して，学び手がいかに成長したか，その成長のために教師はどのような支援をしたかを含め，その内容を対象化することが評価である。

　そこには，学校全体で一人一人の子どもの成長の過程を見取り，さらに一人一人の子どもの資質・能力を伸ばし育むということに対する支援の取組が求められる。その取組の在り方は学習評価と対をなすものであり，指導する指導の在り方そのものも問われることになる。

③ 新学習指導要領における学習評価の意味

　2001（平成 13）年の指導要録改訂に伴う目標に準拠した評価の導入は，日本の学校教育にそれまでなかった，学習内容の質を評価する観点を導入することでもあった。何度か述べてきたように，1948（昭和 23）年の学籍簿以降，2001（平成 13）年の指導要録の改訂までの評価は集団に準拠した評価（相対評価）による Evaluation としての評価であり，そこでは量的な評価が行われてきた。それによって，日本の学校教育における評価は，量的なものが評価であるというパラダイムが確固として今日まで継続され，それがイコール学習（成績）評価でもあると社会的にも認知され続けてきた。

　その評価観を 2001（平成 13）年からの目標に準拠した評価の導入によっ

て変えようとしてきたが，依然として，量的な評価の考え方から今日も転換していない状況が保護者や一般社会にはある。この評価観が変わらない限り，新学習指導要領の理念の実現を図ることはできない。

今回の学習指導要領に関わる評価においても，中央教育審議会初等中等教育分科会教育課程部会評価ワーキンググループにおいて，学習評価に関して，評価は示すものの評定はなくすことが議論された。しかし，これまでの評価に対するパラダイムの転換を図ることは難しく，指導要録には観点別学習状況の評価と総括としての評定とを併記することに落ち着いた。

まさに，1948（昭和23）年の70年前の評価観から抜け出すことができず，評価を行うことの価値の転換が図られないままに，子どもたちへの評価を行っている現実が，そこにはある。

教育は，子どもたちの未来を創るためにある。現状を肯定，追認するだけでは，未来を生きる子どもたちに，これからの時代が求める資質・能力の育成を図ることは難しい。松尾芭蕉が言うところの「不易流行」が，教育界においても行われなくてはならない。「不易流行」とは，「俳諧の特質は新しみにあり，その新しみを求めて変化を重ねていく『流行』性こそ『不易』の本質であるということ。」（『大辞林』）とある。

教育という営みも，この「不易流行」にある。教育は文化の継承と伝承の中に存在する。しかし，それだけでは「不易」の中にとどまり，未来を志向することはできない。不易は流行の中にあり，時代時代が求める教育の内容が常に変化し続けない限りは，単に過去の文化の継承と伝承にとどまり，未来を創ることはできない。教育は子どもたちの未来を創るものであり，不易にとどまっていては未来を創ることはできない。だからこそ，未来を志向する「流行」が求められるのである。

学校教育において，子どもたちは毎年学齢を上げていくので，教師が同じことを繰り返しても，その年度の子どもたちには前年と同じだと気付かれない。教師は「不易流行」の立ち位置に立つことなく，またそれを子どもたちに気付かれることなく，毎年同じことを行ってはいないだろうか。

これまであたりまえとされてきた「評定」は，子どもたちの資質・能力の

育成に本当に必要なのだろうか。単に，評定を総括した数値によって，学習で身に付けた結果のみを子どもたちに提示するにとどまるだけでは，どのような学習が行われたかの内容を示すことにはならない。それよりも，観点別学習状況の評価を行うことで，どのような資質・能力が学習によって身に付いたのかを評価されることにより，子どもたち自身が，自分の学びの内容についてリフレクションを行ったり，メタ認知を図ったりして，自分自身の学びを自覚することが可能となる。

　学校は，それまで知らないことやわからないことを学ぶ場である。全てのことがわかっていれば，学校へ通う必要はないのかもしれない。知らないこと，わからないこと，できないことがあるから，学校に通って学ぶのである。その学んだことを単に数値のみによって評定で示されても，学びの質と内容はわからない。だからこそ，Assessment としての評価によって，子どもたちがリフレクションやメタ認知を通して自分自身の学びに気付き，学習に関する自己調整を図って，より高次の自分へと成長することが重要となる。Assessment は，それを支え，支援するための重要な評価となる。

　新学習指導要領は，子どもたちに育成すべき三つの資質・能力を学力観の転換に伴って示し，それを具体化するために改訂されたものである。そこでの評価は，これまでの Evaluation としての評価から Assessment としての評価への転換である。学校での教育活動に対して子どもたちの学習状況を評価するという，教師の学習指導と子どもたちの学びとを一貫性をもって捉え，指導と評価の一体化を図ることがこれまで以上に求められている。

　このような指導と評価の一体化ということからも，カリキュラム・マネジメントや学習指導方法の充実を図り，子どもたちの学習内容を適切に評価することが，よりいっそう求められることになる。

　この Assessment としての評価では，それぞれ1時間ごとの授業において目標を立て授業を行ってきたパラダイムの転換を図らなくては，その実現を図ることはできない。これまで日本の学校教育は，1時間1時間の授業を大切にして行われてきた。そのことは重要ではあるが，1時間という短いスパンの中でしか子どもたちの成長を捉えてこなかったところもある。その典型

が，研究授業として行われてきた授業と言えよう。

　毎日の学習を通して子どもたちは成長するが，短いスパンの中のみではその成長を認めたり，実感したりすることは難しい面もある。そこで，短いスパンの中の授業を大切にしつつ，これまであまり対象となっていなかった，長いスパンの中での授業による子どもたちの成長も見取りたい。それを行うためには，これまでの1時間単位の授業は大切にしつつも，単元や題材としてのまとまりのある時間の中での学習も重視したい。

　その単元や題材としてのまとまりの中での学びを通し，学習評価では，「何ができるようになるか」のみに焦点をあてるのではなく，「何を学ぶか」，「どのように学ぶか」，「子ども一人一人の発達をどのように支援するか」を通して，「何が身に付いたか」（学習評価の充実）を授業として行うことが求められる。そこでは，授業のねらいを達成したかどうかを評価するだけではなく，子どもたちが授業を通してどのように成長し，授業を通してより深い学びに向かっているかを，Assessment の視点から評価することが重要となる。

　このような学習評価には，子どもたちの学びの評価にとどまらず，カリキュラム・マネジメントを通して，各学校の教育課程やそれぞれの教室で行われている学習・指導方法の評価を結び付けることも求められる。それは，授業改善や組織運営の改善に向けた学校のグランドデザインをはじめとする，各学校の教育全体のサイクルの中に，学習評価を位置付けていくことを通して具体化することができる。

④ 新学習指導要領における評価の観点

　新学習指導要領では，これまでの観点別学習状況の評価の観点が，それまでの4観点から3観点に変わった。

　学習評価は，2001（平成13）年度から今日まで，各教科で行われている学習状況を分析的に捉える「観点別学習状況の評価」と総括的に捉える「評定」とを，学習指導要領に定める目標に準拠した評価として実施することによって行われている。

　現行の学習指導要領における評価の観点については，従来からの4観点の

枠組みをおさえつつ，学校教育法第30条第2項（中学校は第49条，高等学校は第62条，中等教育学校は第70条の規定によりそれぞれ準用）が定める学校教育において重視すべき学力の三要素（「知識及び技能」，「思考力・判断力・表現力等」，「主体的に学習に取り組む態度」）を踏まえて再整理された。そこでは，「関心・意欲・態度」，「思考・判断・表現」，「技能」，「知識・理解」の四つの観点によって学習評価を行うことが求められている。

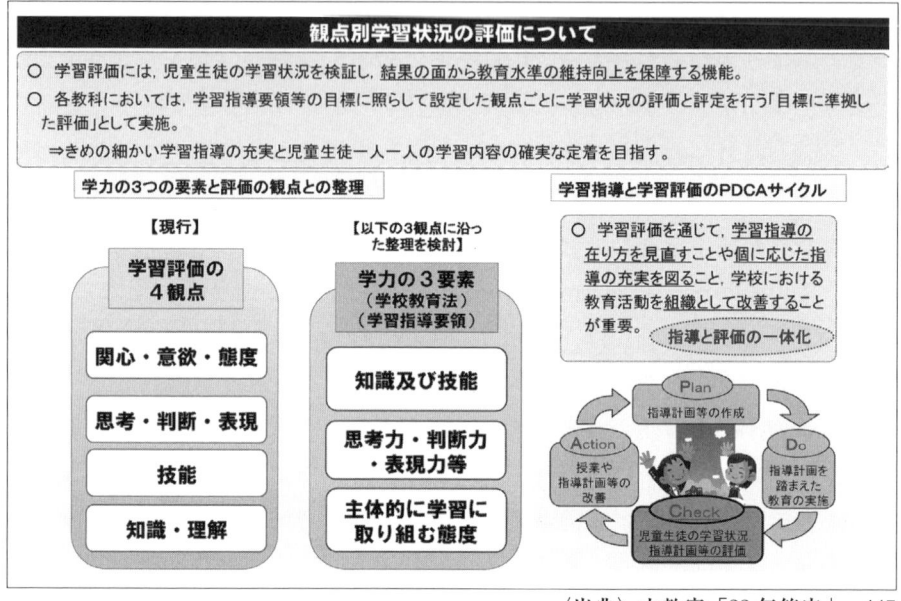

〈出典〉中教審「28年答申」p.445

　新学習指導要領においても，2001（平成13）年や2010（平成22）年の指導要録の改善の考え方を継承しつつ，「育成を目指す資質・能力の三つの柱」に基づき，その育成を目指して「目標に準拠した評価」を実質化するための取組が求められる。

　そこで，新学習指導要領においては，目標に準拠した評価をさらに進めていくため，観点別評価については目標に準拠した評価の実質化や，教科・校種を超えた共通理解に基づく組織的な取組を促す観点から，小学校・中学

校・高等学校の各教科を通じて，

「知識・技能」

「思考・判断・表現」

「主体的に学習に取り組む態度」

の3観点に整理された。

その際，「育成を目指す資質・能力の三つの柱」の中の「学びに向かう力　人間性等」に示された資質・能力には，感性や思いやりなど幅広いものが含まれる。ただし，それは観点別学習状況の評価として取り上げることはなじまないので，評価の観点としては学校教育法第30条第2項の学力の重要な要素として示された「主体的に学習に取り組む態度」として設定し，「感性や思いやり等」については観点別学習状況の評価の対象外としている。

学校教育法第30条第2項に示されている「主体的に学習に取り組む態度」と，資質・能力の柱である「学びに向かう力　人間性」の関係については，次のように整理することができる。

「学びに向かう力　人間性」には

① 「主体的に学習に取り組む態度」として観点別評価（学習状況を分析的に捉える）を通じて見取ることができる部分があること。

② 観点別評価や評定にはなじまず，観点別学習状況の評価としては示しきれないことから個人内評価を通じて見取る部分があること。

なお，個人内評価とは，個人のよい点や可能性，進歩の状況について，文章の記述等を通して伝えたり教師の声がけによって伝えたり，さらに，個人面談の場などで伝えたりしていく評価である。

さらに，この観点別学習状況の評価は，毎回の授業で全てを見取り評価するのではなく，単元や題材のまとまりの中で行う。そのためには，授業内容と評価の場面（育成すべき資質・能力として，何を，いつ，どのように評価するか）を，単元や題材の計画としてあらかじめ位置付けておくことが求められる。

また，観点別学習状況の評価では，評価しきれない子どもたち一人一人のよい点や可能性，進歩の状況等についても，個人内評価として行うことが重

要である。まさに，評価によって，子どもたちを育てることが求められているのである。

　なお，今回の学習指導要領改訂に伴う「各教科における評価の基本構造」について，中央教育審議会「児童生徒の学習評価の在り方について（報告）」（平成 31 年 1 月 21 日，以下「中教審『31 年報告』」）は，下の図のように示している（p.6）。

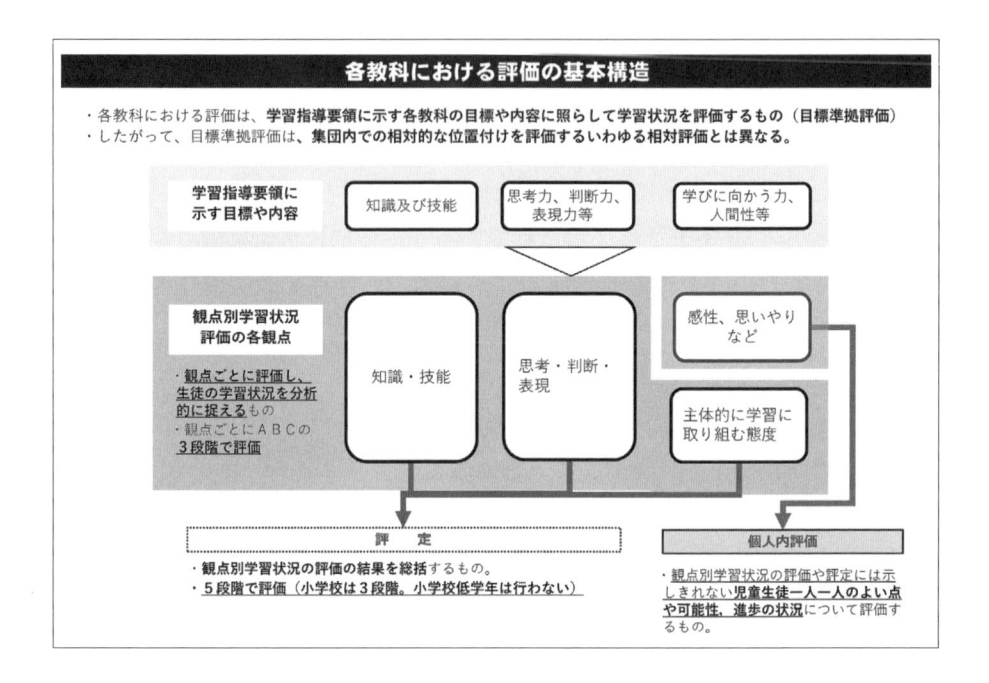

2. 「目標に準拠した評価」は，なぜ必要か

① 「目標に準拠した評価」導入の経緯

　戦後の日本の学校教育において学習評価が変遷したのは，大きく分けると 3 回ある。

　1 回目は戦後教育が始まり，1947（昭和 22）年版の学習指導要領（試案）に合わせた 1948（昭和 23）年の学籍簿（昭和 24 年から指導要録と改称され

た）から評価の在り方が，相対評価（集団に準拠した評価）によって行われるようになったことである。この相対評価は，戦前に行われてきた絶対評価としての認定評価が主観的な評価であったことから，客観的な評価として導入されたものである。

その後，学習指導要領の改訂に合わせ，1961（昭和36）年には絶対評価を加味した相対評価となり，1971（昭和46）年にはこの相対評価の正規分布の見直しも図っているが，形を変えながらも，この相対評価は約30年もの間，日本の学校教育における評価として継続されてきた。

2回目の大きな改革は，1980（昭和55）年の指導要録の改訂である。

1980（昭和55）年の指導要録も，1961（昭和36）年の指導要録と同じように絶対評価を加味した5段階相対評価であった。しかし，ここで評価に関しては大きな転換が図られた。それは「観点別学習状況の評価」の導入である。そこでは，各教科において「関心・態度」が評価の観点として取り上げられた。このことは，戦後の学校教育における評価の内容が「知識・理解」という認知的な面での評価を重視してきたことに対し，これからの時代が求める学力の内容として「関心・態度」という情意的な面も評価することの重要性が認められたからにほかならない。

しかし，この改訂においても，評価の在り方の転換が図られているにもかかわらず，それ以前の相対評価に慣れた学校教育の中では，新しい評価をなかなか受け入れようとはしない状況が続いた。特に，5段階相対評価は戦後教育の中に深く根付き，5段階に分けて評価することが学校教育における評価であることが定着しており，評価の見直しまでには至らなかった。

この5段階相対評価は，児童生徒が所属する学級を対象とした評価であり，その学級における指導に対しての評価である。それにもかかわらず，指導者の異なる学級を超えて学年での平均点を出すという誤った評価方法も多く行われ，日本の戦後教育の評価として学校教育に定着をしてしまった。

1991（平成3）年の指導要録の改訂では，観点別学習状況の評価の一番はじめに「関心・意欲・態度」が取り上げられた。それは，この「関心・意欲・態度」の評価が情意面を評価することから最も重要な内容である，とされた

ことによる。このことは，それまで集団としての位置付けを評価してきたことからの大きな転換でもあった。この 1991（平成 3）年の指導要録のもととなる 1989（平成元）年版の学習指導要領では，児童生徒の一人一人の個性を生かすことがその内容として重視されており，それに合わせた評価の在り方が求められ，「観点別学習状況の評価」の改訂に至った。

　3 回目は，2000（平成 12）年 12 月に文部科学省教育課程審議会から「児童生徒の学習と教育課程の実施状況の評価の在り方について（答申）」が出されたことによる。この答申において，これまでの観点別学習状況の評価をより発展させ，「目標に準拠した評価」による評定を行うことが示された。

　2001（平成 13）年に文部科学省は児童生徒指導要録の改善の初等中等教育局長通知として，「目標に準拠した評価（いわゆる絶対評価）」を示し，それまでの絶対評価を加味した相対評価という集団を対象とした評価から，一人一人の児童生徒を対象とした評価へと大きく舵を切った。

　相対評価（集団に準拠した評価）から目標に準拠した評価への転換は，1977（昭和 52）年版学習指導要領の改訂において，一人一人の児童生徒の個別化, 個性化を目指していたからにほかならない。20 年あまりかかったが，評価の在り方が，集団を対象とした量的な評価から，一人一人の子どもたちの学びの質を対象とした評価に転換したことの意味は大きい。

　2001（平成 13）年の指導要録の改訂によって，学校教育における評価が，一人一人の児童生徒を対象にした「目標に準拠した評価」に変わった。しかし，いまだに「集団の準拠した評価」によって行われていた平均点を出し続けている学校も多くある。そこには，評価とはどのようなことかが理解されていない状況が見て取れる。

　しかし，この 2001（平成 13）年の「目標に準拠した評価」は，その言葉の後に「（いわゆる絶対評価）」が付けられたために，その評価が認定評価としての絶対評価と混同され，主観的な評価と誤解されて受け止められることもあった。その結果，「目標に準拠した評価（いわゆる絶対評価）」はその内容の理解が進まず，さらに，観点別学習状況の評価も理解が深まらなかった。

　ただ，この目標に準拠した評価によって，評価が集団の中での序列ではな

く，一人一人の子どもたちの学習状況を観点を分けて評価することにより，一人一人の子どもの学びを授業を通して育成できるようになった。

② 「目標に準拠した評価」と「観点別学習状況の評価」

「目標に準拠した評価」は，その「目標」を学習指導要領の「内容」に示された指導「事項」を対象として，その実現を図る評価である。

学習指導要領が日本の公教育における教育内容の基礎・基本が示されたものとして定位したのは，1998（平成10）年版の学習指導要領からである。その学習指導要領で育成すべき学力の内容を評価対象とした「目標に準拠した評価」は，2008（平成20）年の学習指導要領の評価へと引き継がれ，さらに今回の新学習指導要領でも，この目標に準拠した評価を用いた「観点別学習状況の評価」が用いられている。

2008（平成20）年の学習指導要領の評価について示されたのが，中教審「22年報告」である。そこでは，それまでの評価の観点が，学校教育法第30条第2項に合わせて以下のように変更されている。

2001（平成13）年の「観点別学習状況の評価」の観点では，「関心・意欲・態度」，「思考・判断」，「技能・表現（又は技能)」，「知識・理解」の4観点であったものが，2010（平成22）年の評価では，「関心・意欲・態度」，「思考・判断・表現」，「技能」，「知識・理解」の4観点に変わっている。

これは，各教科の内容等に即して思考・判断したことを，その内容を表現する活動と一体的に評価する観点として「思考・判断・表現」を設定したことから，当該観点における「表現」との混同を避けるため，評価の観点の名称を「技能・表現」から「技能」に改めたのである。

この観点の変更は，学校教育法第30条第2項で示された学力の三つの要素，「基礎的・基本的な知識・技能の習得」，「これらを活用して課題を解決するために必要な思考力，判断力，表現力等」，「主体的に学習に取り組む態度」に合わせたものである。

上記の学校教育法第30条第2項の内容に合わせ，今回の中教審「31年報告」では，「知識・技能」，「思考・判断・表現」，「主体的に学習に取り組む態度」

　の3観点に，観点別学習状況の評価項目が定位した。

　2010（平成22）年の「観点別学習状況の評価」は，2001（平成13）年に始まった「観点別学習状況の評価」の考え方を受け継ぐもので，既に2007（平成19）年には学校教育法第30条第2項の学力の三つの重要な要素が示されてはいた。この学校教育法第30条第2項は，学力の内容を日本の学校教育の中で初めて定義したものである。

　したがって，2010（平成22）年の「観点別学習状況の評価」を先の2001（平成13）年のものから変更する折に，学校教育法第30条第2項に示されている三つの学力の重要な要素として示されている「知識・技能」，「思考・判断・表現」，「関心・意欲・態度」の順に評価項目を示すことも考えられた。

　しかし当時，学力低下が社会問題となっており，特に，知識の習得に関して課題になっていた。2010（平成22）年の「観点別学習状況の評価」を示す順番として，学校教育法第30条第2項に示された学力の順番に従って一番はじめに「知識・技能」がおかれると，「知識」重視の評価に転換したと受け止められることが危惧された。そこで，2010（平成22）年の評価においても，2001（平成13）年度の評価項目の順を引き継ぎ，「関心・意欲・態度」の項目を一番はじめにおき，次に「思考・判断・表現」，「技能」，「知識・理解」の順に観点を示すこととなった。

　このことは，「関心・意欲・態度」を，2001（平成13）年度の評価に引き続き2010（平成22）年度の評価においても重視する姿勢を示している。

　「目標に準拠した評価」は，その評価の具体を学習指導要領の「内容」に示されている指導「事項」によって「観点別学習状況の評価」として4観点とされた。しかし，今日でもなお，特に高等学校においては，この観点別学習状況の評価自体が学校になかなか定着をしていない現状もある。

　それは，「目標に準拠した評価」というものが，一人一人の子どもたちを対象にした評価であることが，いまだ十分に理解されていないこと，さらに，観点を分けて一人一人の子どものよさをみようとした評価であることが浸透していないことによる。

　評価という言葉が入学試験と結び付き，さらに，序列を付けるということ

を対象とする時，一人一人の児童生徒のよさを支援する Assessment としての評価ではなく，集団の中での序列を付けたり値踏みをしたりする，Evaluation としての評価としてしか機能しなくなってしまう。

　日本の戦後教育は長い間，相対評価として集団の中での序列を付けることを評価としてきたため，今日でも「目標に準拠した評価」を受け入れることが行われにくい状況である。

　このような状況の中で，2010（平成22）年3月の中教審「22年報告」は，「目標に準拠した評価」における「観点別学習状況の評価」についての方向性を示しており，ここに書かれていることを再確認することは，今日の評価の在り方を検討する上で重要となる。

　そして，この 2010（平成22）年からの観点別学習状況の評価を受け，今回の学習指導要領改訂に伴う指導要録の改善において，学校教育法第30条第2項に合わせた評価内容として，観点別学習状況の評価項目を「知識・技能」，「思考・判断・表現」，「主体的に学習に取り組む態度」の3観点に定位した。

　このことは，これまで 1948（昭和23）年から継続して行われてきた5段階評定に基づく評価から，子どもたち一人一人の資質・能力を育成するための評価へのパラダイムシフトである。集団の中での位置付けが評価であり，それを評定することで序列を付けてきた評価観から脱し，評価の枠組みや概念を，これからの時代に必要な一人一人の子どもたちの資質・能力を育成するための Assessment としての評価へと転換が図られなくてはならない。

(3) 「観点別学習状況の評価」 の変遷

　ここで，これまで述べてきた「観点別学習状況の評価」の変遷について，今一度整理する。

a. 1980 (昭和 55) 年の指導要録の改訂

　観点別学習状況の評価が日本の学校教育に取り入れられたのは，1977（昭和52）年版学習指導要領を受けた 1980（昭和55）年の指導要録からである。

　この 1980（昭和 55）年の観点には，「関心・態度」という主観の入る評価項目が，四つの観点の最後に示された。この「関心・態度」を評価項目に入れたことは，1948（昭和 23）年から行われてきた集団に準拠した評価としての相対評価が認知面を重視するあまり数値としてしか評価を行わなかったのに対し，情意面も重視した評価の必要性が生まれてきている状況を表している。

b. 1991（平成 3）年の指導要録の改訂

　1989（平成元）年版学習指導要領を受けた 1991（平成 3）年の指導要録の評価項目として，それまでの「関心・態度」に変わって，「関心・意欲・態度」が導入された。

　観点別学習状況の評価の評価項目としての「関心・意欲・態度」の導入は，思考力，判断力，表現力の育成と合わせて，自ら学ぶ意欲や主体的な学習の仕方を身に付けることを育成しようとしたねらいからである。

　しかも，そこでの 4 観点は，「関心・意欲・態度」，「思考・判断」，「技能・表現」，「知識・理解」として示され，一番はじめに「関心・意欲・態度」が位置付けられた。これは，「関心・意欲・態度」の評価項目を最も重視して評価するように，との意味合いが含まれたものであったからにほかならない。

c. 2001（平成 13）年の指導要録の改訂

　1998（平成 10）年版の学習指導要領では，一人一人の子どもたちの個の学力育成を図ろうとした。そこで，それを受けた 2001（平成 13）年の指導要録では「目標に準拠した評価（いわゆる絶対評価）」が導入された。目標に準拠した評価より観点別学習状況の評価のほうが，日本の学校教育における評価としては，早く導入されていたのである。

　ここで，「（いわゆる絶対評価）」という用語を用いたのは，集団に準拠した評価としての相対評価との対比を示すためのものであり，学習指導要領の「内容」に示されている指導「事項」を目標として一人一人の子どもたちの学習状況を丁寧に見取るための評価としての，目標に準拠した評価の意味合

いを強調するために用いられたものであった。しかし，一般的には，絶対評価という言葉によって，目標に準拠した評価は主観的な評価を行うとの誤解を生じさせてしまった面もあった。

　この目標に準拠した評価は，学習指導要領に示されている目標を実現するために行われる評価であり，学習指導要領の「内容」に示されている指導「事項」を評価の対象として，観点を分けて評価を行うこととしている。

　評価の対象となる指導「事項」は文章表記されており，それを評価基準として量的な数値化をすることができないため，質的な評価規準としての評価を行うことが求められた。そこでは，これまで相対評価で行ってきた5段階評価ではなく，目標に準拠した評価としての質的な評価規準として，観点ごとに実現状況を評価することになった。

　この実現状況の評価では，観点それぞれに「十分にできると判断されるもの」をA，「おおむね満足できると判断されるもの」をB，「努力を要すると判断されるもの」をC，として評価を行うこととした。

　そこでは，学習指導要領に示されている各教科等の内容の実現状況の規準をBにおき，全ての児童生徒がこのB規準を実現することを求めている。そして，授業においては，目標を明確に設定し，一人一人の子どもたちへの指導を通してその目標の実現を図るよう，「指導と評価の一体化」を行うことが重要とされている。

d. 2010（平成22）年の指導要録の改訂

　2010（平成22）年の指導要録の改訂で最も注目すべきことは，「目標に準拠した評価」という言葉のみになったことである。2001（平成13）年の指導要録では，「目標に準拠した評価」の後に「（いわゆる絶対評価）」という言葉があったが，それがなくなった。これは，集団に準拠した評価と目標に準拠した評価とが対比され，本格的な使用になったことのあかしでもある。

　この年度の改訂は，学校教育法第30条第2項に示されている学力の三つの重要な要素に合わせて，先に示した四つの評価の観点が定められている。

e. 新学習指導要領改訂に伴う指導要録の改訂

今回の改訂の特徴は，中教審「31年報告」に，次のように示されている（p.1）。

> 新しい学習指導要領等の下での各学校における教育課程の編成，実施，評価，改善の一連の取組が，授業改善を含めた学校の教育活動の質の向上につながるものとして組織的，計画的に展開されるよう，各学校におけるカリキュラム・マネジメントの確立を求めている。

上記では，学校教育全体の中で，各学校における教育課程の編成，実施，評価，改善というPDCAを通したカリキュラム・マネジメントの一貫として，学習評価を行うことが求められている。このような各学校におけるカリキュラム・マネジメントに学習評価を位置付けたのは，今回の新学習指導要領が初めてである。

今回の改訂では，観点別学習状況の評価項目が，これまでの4観点から学校教育法第30条第2項に示した学力の重要な三つの要素に合わせ，「知識・技能」，「思考・判断・表現」，「主体的に学習に取り組む態度」の3観点となった。

④ 「観点別学習状況の評価」の意味

「観点別学習状況の評価」とは，育成すべき資質・能力（学力）を，単元として学習に取り組んでいる内容としていくつかの観点に分け，丁寧に，また，それぞれの観点の趣旨に照らして，学習の状況を見取ることである。そして，一人一人の子どもたちの学習状況を支援する（Assessment）ことを行うための評価である。

したがって，観点別学習状況の評価は，指導要録に記録するためだけでなく，日々の授業においてきめの細かい学習指導と，一人一人の子どもたちの学習内容の確実な定着を図ることを目的として設定されるべきものである。

2008（平成20）年版学習指導要領における観点別学習状況の評価からの継続であり，指導要録に記載する観点別学習状況の評価は，中教審「31年

報告」には，次のように示されている（p.7）。

　①観点別学習状況の評価について

○　今回の学習指導要領改訂では，各教科等の目標や内容を「知識及び技能」「思考力，判断力，表現力等」「学びに向かう力，人間性等」の資質・能力の三つの柱で再整理している。

　これらの資質・能力に関わる「知識・技能」「思考・判断・表現」「主体的に学習に取り組む態度」の観点別学習状況の評価の実施に際しては，このような学習指導要領の規定に沿って評価規準を作成し，各教科等の特質を踏まえて適切に評価方法等を工夫することにより，学習評価の結果が児童生徒の学習や教師による指導の改善に生きるものとすることが重要である。

○　また，これまで各学校において取り組まれてきた観点別学習状況の評価やそれに基づく学習や指導の改善の更なる定着につなげる観点からも，評価の段階及び表示の方法については，現行と同様に3段階（ABC）とすることが適当である。

　観点別学習状況の評価では，目標に準拠した評価として学習指導要領の「内容」に示されている指導「事項」を対象として，単元全体で育成すべき目標を設定する。そして，その目標に対して，単元全体を通して，何を，いつ，どのような指導を行うかを明確にし，その指導による子どもたちの実現状況を，三つの観点から見取る。

　そのため，単元全体としての目標を三つの観点ごとに分け，それを単元全体の中に案分して，それぞれ分けた三つの観点ごとの目標の実現を図れるよう，授業構成を考えることが求められる。

　観点別学習状況の評価は，一人一人の子どもたちに教師が育成したい資質・能力（学力）について，観点を分けることによって，評価内容とその指導の在り方を明確にするための評価であるとも言える。

3. 観点別学習状況の評価の具体

(1) 新学習指導要領における観点別学習状況の評価

　新学習指導要領における観点別学習状況の評価の評価の観点は，下記の三つであることは，先に述べた。

- 知識・技能
- 思考・判断・表現
- 主体的に学習に取り組む態度

　この三つの観点を，単元や題材として組織した単位時間の中で，子どもたちに育成すべき資質・能力として，時間配当して振り分けて示すことが求められる。

　授業としての一つの単元や題材の中で，この三つの観点は，一度は必ず評価を行わなければならない。また，その単元や題材の中で重要とされる観点については，単元や題材の中で繰り返して指導することも必要である。

　そもそも評価においては，学び手としての子どもたちが，授業を通してどのような資質・能力に関して，自己形成を図ることができるかということが重要となる。そのために，授業を通して身に付けるべき資質・能力の目標を，子どもたち自身が明確にもち，授業の進め方を見直しながら学びを進め，その過程を評価して新たな学習につなげることが重要となる。

a.「知識・理解」と「思考・判断・表現」の評価

　一つの単元や題材における「知識・技能」と「思考・判断・表現」の目標（身に付けさせたい力）は，学習指導要領の「2内容」の指導「事項」として示されている。

　今回の学習指導要領改訂では，これまでの学習指導要領をより充実させ，学習指導要領の「2内容」に，指導する具体の指導「事項」が示されている。したがって，評価は取り上げた指導「事項」について行うことになり，これまで以上に指導と評価の一体化を行いやすい構成が取られている。

　「知識・技能」について，中教審「31年報告」には次のように示されて

いる（pp.7-8）。

○　「知識・技能」の評価は，各教科等における学習の過程を通した知識及び技能の習得状況について評価を行うとともに，それらを既有の知識及び技能と関連付けたり活用したりする中で，他の学習や生活の場面でも活用できる程度に概念等を理解したり，技能を習得したりしているかについて評価するものである。

○　このような考え方は，現行の評価の観点である「知識・理解」（各教科等において習得すべき知識や重要な概念等を理解しているかを評価），「技能」（各教科等において習得すべき技能を児童生徒が身に付けているかを評価）においても重視してきたところであるが，新しい学習指導要領に示された知識及び技能に関わる目標や内容の規定を踏まえ，各教科等の特質に応じた評価方法の工夫改善を進めることが重要である。

　　具体的な評価方法としては，ペーパーテストにおいて，事実的な知識の習得を問う問題と，知識の概念的な理解を問う問題とのバランスに配慮するなどの工夫改善を図るとともに，例えば，児童生徒が文章による説明をしたり，各教科等の内容の特質に応じて，観察・実験をしたり，式やグラフで表現したりするなど実際に知識や技能を用いる場面を設けるなど，多様な方法を適切に取り入れていくことが考えられる。

また，「思考・判断・表現」については，同報告に以下のように示されている（pp.8-9）。

○　「思考・判断・表現」の評価は，各教科等の知識及び技能を活用して課題を解決する等のために必要な思考力，判断力，表現力等を身に付けているかどうかを評価するものである。

○　このような考え方は，現行の「思考・判断・表現」の観点においても重

視してきたところであるが，新学習指導要領に示された，各教科等における思考力，判断力，表現力等に関わる目標や内容の規定を踏まえ，各教科等の特質に応じた評価方法の工夫改善を進めることが重要である。

　具体的な評価方法としては，ペーパーテストのみならず，論述やレポートの作成，発表，グループでの話合い，作品の制作や表現等の多様な活動を取り入れたり，それらを集めたポートフォリオを活用したりするなど評価方法を工夫することが考えられる。

今回示された中教審「31年報告」には，単なる知識の習得量や理解の度合いをみるだけではなく，その活用を図る資質・能力の育成が求められている。したがって学校評価も，これまでの評価方法のみではなく，さまざまな観点からの多様な評価方法が求められている。

b.「関心・意欲・態度」から「主体的に学習に取り組む態度」へ

　これまで「関心・意欲・態度」は，中教審「22年報告」で，次のように述べられている（pp.16-17）。

　　○　改正教育基本法においては，学校教育において自ら進んで学習に取り組む意欲を高めることを重視することが示されるとともに，学校教育法及び学習指導要領の改正等により，主体的に学習に取り組む態度が学力の3つの要素の1つとして示されている。また，我が国の児童生徒の学習意欲について課題がある状況を踏まえると，学習評価において，児童生徒が意欲的に取り組めるような授業構成と継続的な授業改善を教師に促していくことの重要性は高い。さらに，主体的に学習に取り組む態度は，それをはぐくむことが基礎的・基本的な知識・技能の習得や思考力・判断力・表現力等の育成につながるとともに，基礎的・基本的な知識・技能の習得や思考力・判断力・表現力等の育成が当該教科の学習に対する積極的な態度につながっていくなど，**他の観点に係る資質や能力の定着に密接に関係する重要な要素**でもある。（ゴチックは，引用者）

　観点別学習状況の評価における「関心・意欲・態度」は，一般的な意味や辞書的な意味としての「興味，関心」と誤解され，それを対象として評価するものと捉えられてきた節もある。

　しかし，上記にも述べられているように，観点別学習状況の評価としての「関心・意欲・態度」は，この時点において既に「主体的に学習に取り組む態度」としてのものであることが明示されている。

　その「関心・意欲・態度」は，以下のように整理できる。

　ア　「関心・意欲・態度」の評価項目の内容は，その単元の他の三つの観点「思考・判断・表現」，「技能」，「知識・理解」の中の重点課題を，単元全体を通して育成していくことをみるものである。

　イ　「関心・意欲・態度」は，単元全体の学習を通して育成することから，その評価を行うタイミングは学習活動の後半になる。学習の初期段階にくることは少ない。「関心・意欲・態度」の能力は，初めから子どもたちがもっている能力ではなく，授業を通して育成するものである。

　　　「関心・意欲・態度」が，単元の指導計画において1時間目に設定されていることがあるが，それは「診断的評価」として行う時である。しかし，「関心・意欲・態度」は，授業を通して育成する能力であるので，1時間目に「関心・意欲・態度」を位置付けることは行わない。

　ウ　「関心・意欲・態度」の評価は，提出物の提出状況のみを評価するものではない。

　現在行われている授業において，単元や題材の授業の1時間目に診断的な評価を行い，授業に対する意欲をもっているかを評価したり，一般的な意味や辞書的な意味としての「興味・関心」として，例えば，手を上げる回数や宿題をきちんと出しているか，ノートをきちんと取っているか等，行動の表れをもとにして数値化できるような活動を評価したりすることが，「関心・意欲・態度」の評価だとする誤った評価が行われてはいないだろうか。

　そこで，新学習指導要領では，これまでの「関心・意欲・態度」を改め，「主体的に学習に取り組む態度」へと，評価の観点が変更されている。

　今後の授業では，観点別学習状況の評価として，「知識・技能」，「思考・

判断・表現」,「主体的に学習に取り組む態度」の3観点によって評価することになる。なお,「主体的に学習に取り組む態度」の評価の観点の内容は,「知識・技能」,「思考・判断・表現」とは異なり,学習指導要領にその内容は示されていない。

　この点に関して,中教審「31年報告」には,次のように示されている(p.10)。

○　(前略)「主体的に学習に取り組む態度」の評価に際しては,単に継続的な行動や積極的な発言等を行うなど,性格や行動面の傾向を評価するということではなく,各教科等の「主体的に学習に取り組む態度」に係る評価の観点の趣旨に照らして,知識及び技能を獲得したり,思考力,判断力,表現力等を身に付けたりするために,自らの学習状況を把握し,学習の進め方について試行錯誤するなど自らの学習を調整しながら,学ぼうとしているかどうかという意思的な側面を評価することが重要である。

　現行の「関心・意欲・態度」の観点も,各教科等の学習内容に関心をもつことのみならず,よりよく学ぼうとする意欲をもって学習に取り組む態度を評価するのが,その本来の趣旨である。したがって,こうした考え方は従来から重視されてきたものであり,この点を「主体的に学習に取り組む態度」として改めて強調するものである。

　同「報告」では,上記のことをさらにまとめて,次のように示している(p.11)。

○　本観点に基づく評価としては,「主体的に学習に取り組む態度」に係る各教科等の評価の観点の趣旨に照らし,
　①　知識及び技能を獲得したり,思考力,判断力,表現力等を身に付けたりすることに向けた粘り強い取組を行おうとする側面と,
　②　①の粘り強い取組を行う中で,自らの学習を調整しようとする側面,という二つの側面を評価することが求められる。

　「主体的に学習に取り組む態度」の評価は、「知識・技能」を習得させたり、「思考・判断・表現」を育成したりする場面に関わって行うものである。したがって、「主体的に学習に取り組む態度」の評価の観点の内容は、基本的には、授業として行っている単元や題材の「知識・技能」、「思考・判断・表現」の評価の観点の内容の中で、資質や能力の定着に密接に関係する重要な要素を引用し、「主体的に学習に取り組む態度」の評価の観点として設定する必要がある。主体的に「知識・技能を身に付けたり（付けるとともに）」、「思考・判断・表現をしようとしている」という文末表現にして、評価の観点を作成する。

　このように、「主体的に学習に取り組む態度」は、単元や題材の「知識・技能」や「思考・判断・表現」と密接な関係の内容となる。それゆえ「主体的に学習に取り組む態度」の評価は、単元を通して、また単元の後半でなければ、その評価を行うことができないことになる。

　そのため、「主体的に学習に取り組む態度」では、単元や題材を通したまとまりの中で子どもたちが学習の見通しをもって学習に取り組み、その学習を振り返る場面を適切に設定することが必要となる。

　中教審「28年答申」に示されている「各教科等の評価の観点のイメージ」は、以下のものである（p.445）。

知識・技能	思考・判断・表現	主体的に学習に取り組む態度
（例） ○○を理解している／○○の知識を身に付けている ○○することができる／○○の技能を身に付けている	（例） 各教科の特質に応じ育まれる見方や考え方を用いて探究することを通じて、考えたり判断したり表現したりしている	（例） 主体的に知識・技能を身に付けたり、思考・判断・表現をしようとしたりしている

　上記の表に示されているものが、評価の観点として新学習指導要領とそれに伴う指導要録の評価においても定位した。

c.「主体的に学習に取り組む態度」の定義について

　「主体的に学習に取り組む態度」は，学校教育法第 30 条第 2 項で，以下のように示された。

> 　2　前項の場合においては，生涯にわたり学習する基盤が培われるよう，基礎的な知識及び技能を習得させるとともに，これらを活用して課題を解決するために必要な思考力，判断力，表現力その他の能力をはぐくみ，主体的に学習に取り組む態度を養うことに，特に意を用いなければならない。
> ※第 49 条で，中学校に準用　※第 62 条で，高等学校に準用
> ※第 70 条で，中等教育学校に準用

　これからの時代が求める学力の 3 要素は，これにより定位した。
　また，中教審「28 年答申」には，学力の 3 要素が以下のように示されている（p.4）。

> 　特に学力については，「ゆとり」か「詰め込み」かの二項対立を乗り越え，いわゆる学力の三要素，すなわち学校教育法第 30 条第 2 項に示された「基礎的な知識及び技能」，「これらを活用して課題を解決するために必要な思考力，判断力，表現力その他の能力」及び「主体的に学習に取り組む態度」から構成される「確かな学力」のバランスのとれた育成が重視されることとなった。

　この学力の 3 要素のうち「主体的に学習に取り組む態度」は，中教審「31 年報告」と高大接続システム改革会議「最終報告」（平成 28 年 3 月 31 日）とでは，その定義が異なっており，その違いに注意しなくてはならない。
　高大接続システム改革会議「最終報告」では，「主体的に学習に取り組む態度」を，次のように示している（pp.3-4）。

> 　○　これからの時代に向けた教育改革を進めるに当たり，身に付けるべき力として特に重視すべきは，(1) 十分な知識・技能，(2) それらを基盤にし

て答えが一つに定まらない問題に自ら解を見いだしていく思考力・判断力・表現力等の能力，そして（3）これらの基になる主体性を持って多様な人々と協働して学ぶ態度である。これからの教育は，この（1）〜（3）（これらを本「最終報告」において「学力の3要素」と呼ぶ。）の全てを一人一人の学習者が身に付け，予見の困難な時代に，多様な人々と学び，働きながら，主体的に人生を切り開いていく力を育てるものにならなければならない。

　さらに，その中の「主体的に学習に取り組む態度」について，高大接続改革の立場から，次のように定義の捉え直しを行っている（pp.3-4，脚注1）。

1　学校教育法に係るいわゆる「学力の3要素」については，同法第30条第2項で，小学校における教育において，「基礎的な知識及び技能」，「これらを活用して課題を解決するために必要な思考力，判断力，表現力その他の能力」及び「主体的に学習に取り組む態度」を養うことに特に意を用いなければならないと規定されており，この規定は中学校，高等学校，中等教育学校にも準用されている。中央教育審議会「新しい時代にふさわしい高大接続の実現に向けた高等学校教育，大学教育，大学入学者選抜の一体的改革について〜全ての若者が夢や目標を芽吹かせ，未来に花開かせるために〜（答申）」（平成26年12月22日）（以下「高大接続改革答申」という。）においては，この「学力の3要素」について，社会で自立して活動していくために必要な力という観点から捉え直し，「高等学校教育を通じて（ⅰ）これからの時代に社会で生きていくために必要な，「主体性を持って多様な人々と協働して学ぶ態度（主体性・多様性・協働性）」を養うこと，（ⅱ）その基盤となる「知識・技能を活用して，自ら課題を発見しその解決に向けて探究し，成果等を表現するために必要な思考力・判断力・表現力等の能力」を育むこと，（ⅲ）さらにその基礎となる「知識・技能」を習得させること」とした上で，「大学においては，それを更に発展・向上させるとともに，これらを統合した学力を鍛錬すること」と提言した。本「最終報告」に掲げる「学力の3要素」は，こ

　の高大接続改革答申とも共通した定義である。

　この高大接続システム改革会議「最終報告」で再定義された「主体的に学習に取り組む態度」は，小学校，中学校，高等学校における学習評価として示された中教審「31年報告」で用いられている「主体的に学習に取り組む態度」の内容と異なることに注意したい。

　高大接続システム改革会議「最終報告」では，学校教育法第30条第2項に示されている「主体的に学習に取り組む態度」の定義を捉え直し，大学における学力の3要素の内容を示している。

　新学習指導要領における「主体的に学習に取り組む態度」は，中教審「31年報告」（p.10）に示されているように「知識及び技能を獲得したり，思考力，判断力，表現力等を身に付けたりするために」行うものであり，授業として取り上げた単元における評価の観点としての「知識・技能」，「思考力・判断力・表現力」との関係において設定されるものであり，小学校，中学校，高等学校での授業を通して育成すべき資質・能力の内容である。

　同じ「主体的に学習に取り組む態度」という用語であっても，学校教育法第30条第2項に示されているものと，高大接続システム改革会議「最終報告」で示されているものとは，捉え方に異なりがあることに留意したい。

(2) 各教科等における「単元・題材で育成する資質・能力＜評価規準＞」の設定

　学習指導要領には，「第1　目標」と「第2　各学年の目標及び内容」の「1目標」として，「(1) 知識・技能」，「(2) 思考力・判断力・表現力等」，「(3) 学びに向かう力，人間性等」が，それぞれの教科等で示されている。そこに示されている目標は，各教科等で育成すべき資質・能力を，各学校段階や各学年段階で最終的に実現を図るために示されたものである。

　一方，実際の日々の各教科等の授業を通して育成する資質・能力は，学習指導要領の「2内容」の指導「事項」に示されている。これまで，この指導「事項」に示されているものをもとに，目標を明確にした授業を行うことが

重視され，学習指導案等では「単元・題材の目標」として明示することが行われてきた。

それは，「指導と評価の一体化」を行うために，何を，いつ，どのように評価するかという目標を明確にした上で，指導を通した評価を行うことを求めていたからである。

さて，今回の学習指導要領改訂においては，児童生徒に育成すべき資質・能力の内容が，学習指導要領の「2内容」の指導「事項」として，これまで以上に具体的に整理されて示された。これにより，学習評価の対象となる＜評価規準＞が，明示化されたわけである。

つまり，学習評価の対象として，これまで「単元・題材の目標」として示してきたものと「単元・題材で育成する資質・能力＜評価規準＞」とが，同じ内容となった。そのため，「単元・題材の目標」を示すと，それは「単元・題材の評価規準」の内容と重複することになり，この二つを同時に授業計画や学習指導案等で示す必要がなくなった。

したがって，本書においては，従来の「単元・題材の目標」に代わり，「単元・題材で育成する資質・能力＜評価規準＞」のみを示すことで，その単元や題材で児童生徒に育成すべき資質・能力を，その単元や題材で育成する目標も含み，具体的に評価することとした。

「単元・題材で育成する資質・能力＜評価規準＞」は，育成すべき資質・能力を，公教育における教育の機会均等を保障するという観点から，学習指導要領の「2内容」の指導「事項」をそのまま引用することで，設定が可能となっている。

具体的には，「知識・技能」と「思考・判断・表現」の＜評価規準＞は，学習指導要領の「2内容」に示されている，その単元や題材で育成すべき資質・能力を該当する指導「事項」からそれぞれ適切なものを選び，そのまま転記（コピー＆ペースト）する。

また，「主体的に学習に取り組む態度」の＜評価規準＞は，その単元で取り上げている「知識・技能」と「思考・判断・表現」の＜評価規準＞から，それぞれを取り上げ，合わせた文章として記述する。

　この「単元・題材で育成する資質・能力＜評価規準＞」の設定により，学校や授業者による「単元目標」の取り上げ方や内容の異なりや齟齬がなくなり，資質・能力の水準化（教育の機会均等）が保障されることになる。

③ 各教科等における＜評価規準＞の作り方

　これまで観点別学習状況の評価は，「指導と評価の一体化」を軸にしていわれてきたが，実際には学校現場にその具体的な方法が伝わっておらず，どのような評価を行うかが十分に理解されていないのが現状である。（現行の学習指導要領に準拠した国立教育政策研究所が出している学習評価の具体例は，教科ごとに評価方法に違いも見受けられる。）

　そこで，今回の学習指導要領改訂に合わせて，評価方法の具体を示すことが重要となる。

　以下にその具体例を記す。

　新学習指導要領においては，「2内容」の指導「事項」が〔知識及び技能〕と〔思考力，判断力，表現力等〕とに分けて構成されており，ほとんどの教科がその形式を踏襲している。新学習指導要領の「2内容」には，評価の対象となる具体の指導「事項」が示されている。

　そこで，各単元の＜評価規準＞を，次のように作成することができる。

①　知識・技能

　　学習指導要領に示されている〔知識及び技能〕のうち，その単元や題材で育成すべき資質・能力として適切なものを，指導「事項」から選択し，それをそのまま転記（コピー＆ペースト）することで，その単元や題材の「知識・技能」の＜評価規準＞となる。

　　文末表現は，「○○を理解している。」，「○○の知識を身に付けている。」，「○○することができる。」，「○○の技能を身に付けている。」などと表現する。

②　思考・判断・表現

　　学習指導要領に示されている〔思考力，判断力，表現力等〕のうち，その単元や題材で育成すべき資質・能力として適切なものを指導「事項」

から選択し，それをそのまま転記（コピー＆ペースト）することで，その単元や題材の「思考・判断・表現」の評価規準となる。

　文末表現は，「思考したり，判断したり，表現したりしている。」ことから，「〜したり，〜したり，〜したりしている。」と表現する。なお，〔思考力，判断力，表現力等〕のうち，いずれか二つを取り上げる場合には「〜したり，〜したりしている。」とする。

　また，「思考・判断・表現」を分けて「思考」，「判断」，「表現」として取り上げることも可能である。その場合には,「〜しようとしている。」という文末表現になる。

③　主体的に学習に取り組む態度

　「主体的に学習に取り組む態度」の評価規準は，学習指導要領の〔知識及び技能〕，〔思考力，判断力，表現力等〕の中の，それぞれの重要な要素を取り出し,〔知識及び技能〕を身に付け「たり（るとともに）」,〔思考力，判断力，表現力等〕を「〜しようとしている。」として示す。

　文末表現は，「〜したり（するとともに），〜しようとしている。」と表現する。

したがって，各単元や題材の評価規準は，基本的には学習指導要領の「2内容」の指導「事項」に準拠したものとなることを示す。言いかえれば，各単元や題材の評価規準は,学習指導要領の「2内容」の指導「事項」を転記（コピー＆ペースト）して,文末表現を整えることによって作成することになる。

現在，小学校や中学校では教科書を使用して指導する際に，教師用指導書に準拠したり，教師用指導書に示されたものをそのまま用いたりしてほとんどの授業が行われていることが多いのではないだろうか。しかし，この教師用指導書の各単元や題材の目標と評価規準の設定は各教科書会社に任されており，各教科書会社によって異なる。さらに，学習指導要領と教師用指導書の内容との間に齟齬がある場合も認められる。特に，現行の「関心・意欲・態度」については，さまざまな示し方がなされている現状がある。

そこで，各単元や題材の評価規準の設定を，学習指導要領の「2内容」の指導「事項」をそのまま転記して使用すれば，必ず，学習指導要領に基づい

て各単元や題材の評価規準の設定が行われるようなる。そのことにより，これまで以上に学習指導要領が学校現場で機能することにもつながる。

これまでは，単元や題材の評価規準として4観点を学校や個人で作成することは難しく，それができない教員も多くいた。

今回の学習指導要領改訂では，学習指導要領の「2内容」に示された指導「事項」を，指導目標としての〔知識及び技能〕と〔思考力，判断力，表現力等〕にそのまま転記して使用すれば，誰もが評価規準を作ることができるようになった。

このことは，学習指導要領に示された「2内容」に沿って，学習評価が学校教育で行われることにつながる。これまでわかりにくかった学習評価が，学習指導要領の「2内容」そのものを学習評価の対象とすることにより，学習指導要領への理解も深まる。さらに，新任の先生やこれまで評価について理解が深まらず取り組めなかった先生にとっても，取り組むことが可能な学習評価となる。それにより，教科書会社が作成した単元目標と評価規準の丸写しがなくなり，各学校の子どもたちの実態と合った＜評価規準＞の作成が可能となる。

また，これまで最も評価の難しいといわれてきた「主体的に学習に取り組む態度」（これまでの「関心・意欲・態度」）も，学習指導要領に示されているその単元の他の二つの観点である〔知識及び技能〕と〔思考力，判断力，表現力等〕の中の重要な要素を併せて転記することで作成できれば，これまで情意面（「関心・意欲・態度」）の評価を十分理解されていなかった先生や新任の先生でも理解し，作成できるようになる。

さらに，「主体的に学習に取り組む態度」は，単元の始めに行う診断的評価ではなく，単元や題材の授業を通して育成する資質・能力を評価することであることを明確にすることにより，形成的な評価としての位置付けが確立することになる。

⑷ 目標に準拠した評価の各観点の評価

a. 観点別学習状況の評価

　目標に準拠した評価は，学習指導要領に目標として示されている「2内容」の指導「事項」を，〔知識及び技能〕〔思考力，判断力，表現力等〕をもとに，「知識・技能」，「思考・判断・表現」，「主体的に学習に取り組む態度」の3観点を評価規準として評価するものである。

　観点別学習状況の評価では，「知識・技能」，「思考・判断・表現」，「主体的に学習に取り組む態度」の三つの観点それぞれを，

　　「A　十分満足できる」状況

　　「B　おおむね満足できる」状況

　　「C　努力を要する」状況

とし，3段階での評価を行うことが求められている。

　このうち「B　おおむね満足できる」状況は，学習指導要領の目標に示されている「2内容」の指導「事項」であり，それを全ての子どもたちに資質・能力として，その育成の実現を図ることを授業の目標としており，それが評価の規準となる。

　また，「C　努力を要する」状況と評価した児童生徒に対しては，「B　おおむね満足できる」状況が実現するよう，教師の具体的な手立てによる指導が求められる。

　「A　十分満足できる」状況は，「A　十分満足できる」としての状況を示す内容が具体的に明示化されているものではなく，「B　おおむね満足できる」状況としての規準を超えているものを，いわゆる「青天井」として評価を行うことになる。「A」の規準を「青天井」としているのは，「A　十分満足できる」状況としての姿を具体的にすると，その姿が到達点や達成点となってしまい「A」の具体的な姿が限られたものとなるため，その具体的な姿を示さないこととしているのである。そこが，ルーブリックとしての5段階と異なるところでもある。

b.「主体的に学習に取り組む態度」の評価の在り方

　今回の学習指導要領改訂で新たに評価の観点となった「主体的に学習に取り組む態度」の評価は，中教審「31年報告」で，「主体的に学習に取り組む態度」に基づく評価としては「①　知識及び技能を獲得したり，思考力，判断力，表現力等を身に付けたりすることに向けた粘り強い取組を行おうとする側面と，②　①の粘り強い取組を行う中で，自らの学習を調整しようとする側面，という二つの側面を評価することが求められる。」と，その評価規準の内容を示している。

　この①と②の評価に関する評価の仕方については，次のように示している（p.11）。

　　○　このような考え方に基づき評価を行った場合には，例えば，①の「粘り強い取組を行おうとする側面」が十分に認められたとしても，②の「自らの学習を調整しようとしている側面」が認められない場合には，「主体的に学習に取り組む態度」の評価としては，基本的に「十分満足できる」（A）とは評価されないことになる。

　したがって，「主体的に学習に取り組む態度」の評価は，①と②とが両方認められて初めて「B　おおむね満足できる」という評価になり，いずれかが不十分な場合は「C　努力を要する」評価となる。

4. これからの学習評価の取組

(1) 学びのプロセスでの評価

　新学習指導要領においては，これまでの学校教育が担ってきた学力の育成ということだけでなく，実社会や実生活，さらに生涯にわたって学び続けることをベクトルに入れた資質・能力の育成を求めている。その内容については，育成すべき三つの資質・能力として示されている。

　このような資質・能力の育成を図るため，その資質・能力の育成がいかに

行われ，そこでどのような資質・能力が育成されたかという評価が重要となる。また，資質・能力の育成をいかに図っているかという，指導の内容や方法も問われることになる。

　そこで，資質・能力の育成に評価をどのように関わらせるかが重要となる。また，指導と評価の一体化を図ることも重要になる。具体的には，論述やレポートの作成，発表，グループでの話合い，作品の制作等といった多様な活動に取り組ませるパフォーマンス評価などを取り入れ，ペーパーテストの結果にとどまらない多面的・多角的な評価を行っていくことが必要である。

　そこでは，学びの過程（プロセス）そのものが大切であり，その学びの過程を対象として一人一人の子どもたちがどのように資質・能力を育成し，伸ばしているかを子どもたち自身が自覚的に捉え，リフレクションを通したメタ認知を自ら行えることが特に重要となる。そのことを中教審「31年報告」では，「学習改善に向かって自らの学習を調整しようとしているかどうか」（p.12）と示している。

　そのためには，子どもたち一人一人の成長の過程がわかる，学びの履歴としての学習プロセスを記録することが求められる。そのプロセスそのものを対象とした評価が，まさに形成的な学びの過程の評価となる。

　このような子どもたち一人一人の形成的な学びの過程の評価は，子どもたち自身が自分の学びのプロセスをリフレクションし，「今ある自分」に気付き，自覚的に捉えることを通して，そのベクトルの方向を自分の未来に向けて，これからの自分がどのように学べばよいのかという視角（Perspective）の形成と獲得とにつながる行為になる。その行為が，学習過程における自己評価なのである。

　後段で詳しく述べるが，自己評価を行うためには確かなる他者の存在が必要となる。自分だけで自分に気付くことは難しい。したがって，自己相対化を行うためには，他者の存在が必要となる。そこで，友達との相互評価や教師の指導の必要性と意義という，学校での学びが重要となる。

　このような自己相対化の視点を介在しての自己評価は，一人一人の子どもたちが自分自身を自覚することのできる資質・能力として重要となる。だか

らこそ，その学びの中にある自己相対化の視点が，学びのプロセスにおいて評価という行為を通すことで，より意味あるものとなるのである。

② 学ぶことの価値への自覚としての評価

　これまで学校教育で行われてきた評価は，どちらかというと学んだことの結果を評価することが多かったと言えよう。またその評価は，指導者としての教師から示されることがほとんどである。この教師からの価値付けも評価の一つではある。しかし，子どもたち自身が自分の学びの意味を自覚することがなければ，資質・能力の育成を図ることは難しい。だからこそ，一人一人の子どもたちが自分の学びを対象化し，その価値や意味を自覚することが重要となる。

　このことを日々の授業の中に取り入れるのが，学習活動としての「見通し」と「振り返り」である。近年「振り返り」は，授業においてかなり取り入れられてきている。しかし「見通し」については，何を見通しとするのかが定着しておらず，授業として位置付けられることがあまり多くない。

　そこで「見通し」を行う際には，指導者が意図的・計画的に行う単元や題材の授業で，育成すべき資質・能力の育成過程を示している計画（いわゆる単元計画）の内容を子どもたちの立場から表現した学習計画である「学びのプラン」として，授業の前に子どもたち示すことが大切である。子どもたち自身が単元や題材の授業の流れを理解し，何を，いつ（何時間目），どのように学ぶのかを自覚したうえで，授業に取り組むことが求められる。

　それについて中教審「31 年報告」には，以下のように示されている（p.14）。

　(3)　評価の方針等の児童生徒との共有について

　○　これまで，評価規準や評価方法等の評価の方針等について，必ずしも教師が十分に児童生徒等に伝えていない場合があることが指摘されている。しかしながら，どのような方針によって評価を行うのかを事前に示し，共有しておくことは，評価の妥当性・信頼性を高めるとともに，児童生徒に各教科等において身に付けるべき資質・能力の具体的なイメー

　ジをもたせる観点からも不可欠であるとともに児童生徒に自らの学習の見通しをもたせ自己の学習の調整を図るきっかけとなることも期待される。

　また，児童生徒に評価の結果をフィードバックする際にも，どのような方針によって評価したのかを改めて共有することも重要である。

○　その際，児童生徒の発達の段階にも留意した上で，児童生徒用に学習の見通しとして学習の計画や評価の方針を事前に示すことが考えられる。特に小学校低学年の児童に対しては，学習の「めあて」などのわかり易い言葉で伝えたりするなどの工夫が求められる。

　これまで，評価規準や評価方法等の内容を子どもたちに授業前にあらかじめ示すことは，あまり行われてこなかった。この「学習の見通してとしての学習の計画や評価の方針を事前に示すこと」の具体が，「学びのプラン」である。

　「学びのプラン」とは，単元での学習指導案に沿って，教師が子どもたち向けに作成し直した単元や題材の授業計画であり，単元や題材の授業の流れに沿って，評価計画・評価規準・評価方法と学習活動との関係がみえるよう示したものでる。これは，学習の「見通し」と「何を，いつ，どのように」評価されるのかを，子どもたちに単元や題材の学習のはじめに示すものである。この「学びのプラン」を作成し示すことにより，子どもたちに学習活動の流れと評価内容・評価方法とを授業の初めに理解させ，「学習の見通し」をもたせ，自覚的な学びにつながっていく。

　「学びのプラン」によって，子どもたち自身がどのような資質・能力を身に付けるために学びを行うのかを自覚し（目標），そのためにはどのような道筋で授業が行われ（学びのプロセス），そこでどのような資質・能力が育成されるか（評価）をあらかじめ知ってから，授業に臨むことが「見通し」として重要となる。

　このことは，学び手としての子どもたち自身が，その単元や題材の学習を

行うにあたって，学びの価値を知り，その意味を考え，学ぶことによってどのような資質・能力が自分に身に付くのかを自覚することにつながる。つまり，子どもたち自身による自覚的な評価が，授業というプロセスを通して行われることになると言えよう。

　ただし，子どもたち自身がこうした評価を行うためには，指導者としての教師の在り方が問われることになる。

　指導者としての教師は，子どもたちにどのような資質・能力を育成するのか，学校で学ぶことの意味はどこにあるのか，学ぶことの価値はどのようなものであるのかを「チーム学校」（拙共著『チーム学校を創る』〈三省堂，2015 年〉参照）として捉え，意識しておかなくてはならない。これを行うことこそが，カリキュラム・マネジメントなのである。

　カリキュラム・マネジメントに基づいた各学校ごとの教育によって，その学校に通う一人一人の子どもたちに，小学校なら 6 年間，中学校，高等学校では 3 年間を通して，確かな資質・能力を育成することが求められている。

　そこで重要なのが，学習評価を通して子どもたちの資質・能力が育成されるのだということを，各学校の構成員である一人一人の教師が自覚することである。そこでは，繰り返しになるが，Evaluation としての評価ではなく，Assessment としての評価が機能しなくてはならない。

　以上のことを実現するためには，教師が学習評価の質を高めることができる環境づくりが必要となる。教師一人一人が，子どもたちの学習の質を捉えることのできる目を培っていくことができるようになるには，これまで以上に研修の充実等を図り，学習評価の在り方そのものが大きく転換していることを認識し理解する必要がある。

5. 指導と評価の一体化の意味

(1) 学習指導要領の指導事項を＜評価規準＞とする評価の目的

　学習指導を行った結果，何を対象として評価をするかを，単元や題材の計画を立てる際にあらかじめ明確にしておくことが必要である。

　「指導と評価の一体化」ということは，2001（平成13）年の指導要録の改訂からいわれるようになった。しかし，「指導と評価の一体化」という言葉自体は教育界に定着したものの，それを具体的にどのように行うかということに対しては，いまだ十分には周知されていないのではないだろうか。

　「指導と評価の一体化」を行うには，まず単元や題材の評価規準を明確に設定することが重要となる。単元や題材の評価規準は，先にも述べたように小学校と中学校では，学習指導要領の「2内容」に示されている指導「事項」をそのまま引用し転記（コピー＆ペースト）することによって位置付けられる。

　高等学校においては，学習指導要領をもとに各学校ごとでカリキュラム・マネジメントを行い，それに沿った教育課程の編成，各学校の特質や特長にあった指導内容を各教科ごとに作成し，それに合わせて各教科の評価規準をもとに，さらに，指導「事項」としての単元や題材の評価規準を設定することになる。

　「指導と評価の一体化」を行うには，指導内容を評価規準として明確に位置付け，さらにそれを単元や題材の計画として，何を，いつ，どのように取扱い，また，それをどのような指導を通して育成するかを意図的・計画的に行うことが求められる。

② 学習指導要領と評価規準

　先にも述べたが，各単元や題材の3観点の評価規準は，小中学校においては学習指導要領の「2内容」に示されている指導「事項」としての〔知識及び技能〕，〔思考力，判断力，表現力等〕を，観点別学習状況の評価の観点として「知識・技能」，「思考・判断・表現」にそのまま引用し転記（コピー＆ペースト）するとともに，「主体的に学習に取り組む態度」については，その単元や題材の〔知識及び技能〕，〔思考力，判断力，表現力等〕の重要な要素を，取り出して示すことによって位置付けることが求められている。

　したがって，単元や題材の観点別学習状況の評価を行うにあたっての3観点の評価規準は，学習指導要領に示されている「2内容」から引用し転記し

て作成することになる。そのためには，これまで以上に学習指導要領の内容を，各学校や各教師が理解することが求められる。

このことは，特に小学校において，教科書に付いている教師用指導書や教科書朱書本に書かれている指導内容や指導方法に頼るのではなく，まず，学習指導要領に記載されている内容の理解を図ることの重要性を，教師自身が認識しなくてはならない。

これまで，小中学校においては，教科書に記載されている内容を授業で主として扱ってきている。しかしこれからは，教科書がはじめにありきではなく，学習指導要領に示されている内容が育成すべき資質・能力であり，それを授業という具体を通して子どもたちにいかに育成するかが重要となる。

言い古されている言葉であるが，「教科書で教える」であり，「教科書を教える」のではない。それは，資質・能力を育成することが今回の学習指導要領における最重要課題であり，これまで行われてきた日本の学校教育の質的な転換が求められているからでもある。

教師の意識改革においては，まさにこの点が最も重要な課題である。

③ 評価観の転換の意味と必要性

繰り返しになるが，これまでの日本の学校教育や，そこで行われてきた授業，さらに，それに伴う評価の在り方が悪いから新学習指導要領で変えるということではない。グローバル化した社会の中で，次代に生きる子どもたちが必要とする資質・能力の内容が変わってきたから，教育活動そのものを改善するのであるということを十分認識しておきたい。だからこそ，求める学力観が転換し，資質・能力という言葉になったことは先述した。そこで，資質・能力の育成を図ることから，評価の在り方も大きく変わろうとしていることもこれまで述べてきた。

では，具体的にどのように評価を行えばよいのだろうか。

まず，1時間単位で指導をした結果を評価することは難しくなった。それは，資質・能力の三つの柱として示されたように，目標に準拠した評価における観点別学習状況の評価では，「知識・技能」，「思考・判断・表現」，「主

体的に学習に取り組む態度」が，資質・能力の内容として単独では育成できるものではないからである。

　したがって，授業を通しての学習評価を行うには，資質・能力の三つの柱を単元や題材のスパンの中で，何を，いつ，どのように位置付けるかを考え，繰り返しての指導や数時間をかけた授業を通して育成することが必要となった。

　これまでの，例えば1時間の学習指導案にみられたように，1時間だけで資質・能力を育成することは難しい。そこで，単元や題材のまとまりの中で，三つの資質・能力の育成を図ることが重要となる。

　単元や題材を通して三つの資質・能力を育成する際には，繰り返して育成を図る時間があってもよいし，三つの資質・能力を扱わない時間があってもよい。一つの単元や題材の学習が終わるとき，三つの資質・能力の育成が図られていることが求められる。

④ 評価を行うための試験の見直し

　これまでのように，ある一定の期間をおいて行う中間試験や期末試験のように，学習評価をするためだけの試験は，資質・能力の育成という観点からみると必要がなくなりつつある。

　これまで，中学校や高等学校であたりまえのように行われてきている中間試験や期末試験は，本当に必要なのだろうか。学習の終了後，ある一定の期間をおいて教科がまとまって行う試験は，これまでの日本の学校教育では必要であった。それは，学力の内容が知識の習得とその再生とにおかれていたからであった。授業おいて習得した内容を，ペーパーテストによって再生し，それがいかに正確に一定の時間内に解けるかが学力とされていたからである。

　しかし，時代は変わった。

　学習評価が，Evaluation として序列を付けるために知識の習得量と再生の正確性を図る評価ではなく，Assessment の評価として，どのような内容を学び手が資質・能力として身に付けるか，身に付けたかを評価するには，学

習の終了後だけで評価することだけでは不十分になってきている。

　ただし，知識の習得量と再生ということを否定しているわけではない。その学力も，新学習指導要領においては「知識・技能」として評価することを求めている。

　その一方で，中間試験や期末試験という言葉が象徴するように，授業で学んだことを一定の期間をおいて再生することのみに焦点をあてた学習評価は，資質・能力の限られた面しか評価できないことを確認したい。

　資質・能力の育成の学習評価は，子どもたち一人一人の成長を認め，支援することでもある。このような評価観に立つとき，一定の期間をおいて知識の習得や理解の度合いを測定し，数値化するこれまでの中間試験や期末試験は，学習の一面しか評価していないことになる。学習評価は，日々の授業の中での Assessment として行われるものである。日々の授業の中での「知らない」こと「わからない」ことや「できない」ことが,「知ったり」,「わかったり」,「できるようになる」ために，一人一人の子どもに寄り添い，支援することそのものが評価と言えよう。

　学校は，学習成績によって序列を付けるところではない。学校に来ることで,それまで「知らない」こと「わからない」ことや「できない」ことを,「知ったり」,「わかったり」,「できるようになる」ための場であることも確認したい。そこでの子どもたちへの Assessment こそ，学習評価である。

　したがって，中間試験や期末試験のみで学習評価するのではなく，日常の授業の中での学習評価を通して，子どもたちの資質・能力を育成することそのものが重要となる。

　さらに，観点別学習状況の評価は，単元や題材というまとまりの中で，何を，いつ，どのように資質・能力として育成されたかを，それぞれの観点に分けて捉えることができる。

　観点別学習状況の評価における「知識・技能」は，単元や題材の学習の終了後に確認のために，一定の期間をおいた中間試験や期末試験として行うことも一つには有効だが，「思考・判断・表現」の評価は，単元や題材の授業時間の中で行うことも求められる。

　学習評価は，一人一人の子どもに学習を通して資質・能力の育成を図ることに意味があり，そのためには，さまざまな評価方法を用いて適切な評価を行うことが重要である。これまで行われてきた学習評価を検討することなく使用し続けることは，育成すべき資質・能力の内容が大きく転換した今日の学校教育には，適さない学習評価を行うことにもなりかねないことに，気付かなくてはならない。

　ましてや，1948（昭和 23）年から行われてきた評定を評価の主たるものとし，5・4・3・2・1という数値による評価のみに固執する評価観は，これからの未来に生きる子どもたちに資質・能力を育成する評価として，それのみでは機能できないことに気付かなくてはならない。それゆえ，未来を創ることを教育として考えるとき，これまでの評価観からの転換が求められる。

6. さまざまな評価方法

　学習評価は，評価を行うことによって学び手の資質・能力をより高次なものにするために行う行為である。そこでは，評価することで，被評価者がそれまでに気付くことのなかった資質・能力に気付かせることも重要である。

　被評価者によって評価した内容が理解されなくては，評価を行うことの意味はない。そこで，外言化された表現（表出されたもの）によって評価内容が被評価者に伝わるようにすることが求められる。

　評価における外言化された表現には，言語によるものと，行為や行動として表現されたものとがある。これまで学校教育では，ペーパーテストやレポート・論文，制作物等の作品など，その多くが文字や数字による文章や式という形で外言化された表現を対象にして評価を行ってきた。

　外言化したものによって評価を行うことを整理すると，ペーパーテストによる評価とパフォーマンス評価による評価の二つに大きく分けられる。

　ペーパーテストによる評価には，明治以来，これまでも日本の学校教育において継続的に多く行われてきた筆記試験等がある。

　一方，パフォーマンス評価は，2008（平成 20）年版学習指導要領におい

て思考力・判断力・表現力等の育成を図ることが示され，その思考力・判断力・表現力等を評価するにあたって，2010（平成22）年3月の中教審「22年報告」に「パフォーマンス評価」という文言が示されることによって，日本の学校教育でもいわれるようになった。そこでは，「パフォーマンス評価とは，様々な学習活動の部分的な評価や実技の評価をするという単純なものから，レポートの作成や口頭発表等による評価するという複雑なものまでを意味している。または，それら筆記と実演を組み合わせたプロジェクトを通じて評価を行うことを指す場合もある。」（p.36，脚注2）とされている。

① ペーパーテストによる評価

　ペーパーテストによる評価も，結果としての知識の習得量とその正確性だけではなく，何を，いつ，どのように学んだかという学びのプロセスがわかるテストが求められる。

　学習の成果として記述された内容は，被評価者としての学び手の学びの内容であり，パフォーマンス評価では見取りにくい，表現として表出された内容を評価することが可能な評価である。

　また，記述として残っているため，時間的な経緯の中での評価や時間が経過してからの評価の跡付けが可能となる。

　中教審「31年報告」では，具体的な評価方法も示されている（本書56ページ参照）。

　そのことからもわかるように，ペーパーテストとして行われてきた知識の習得量と再生の正確性のみを問うのではなく，記述された表現から育成された資質・能力の内容を評価することが求められている。

　さらに，これまで中間試験や期末試験においてペーパーテストを行う場合，テスト問題が事前に子どもたちに示されることはほとんどない。ペーパーテストでは，知識の習得量と再生の正確性とを計るため，問題は事前に開示されることなく試験当日に初見で行われることが多い。

　だが，そもそもテストは，子どもたちに知っていてほしい覚えていてほしい内容を再確認するために行うという意図もある。であるなら，そのテスト

問題に出題する内容が学びにとって重要な内容であるとすると，その内容をあらかじめ子どもたちに示し，それを習得することを子どもたちが行えば，定着度を測定すること以外に，ペーパーテストを実施する必要はなくなるのではないだろうか。

② パフォーマンス評価

パフォーマンス評価は，レポート・論文，制作物等の作品や口頭発表という学びの成果を評価することや，実験や実技を通して，多様な活動の中でいかなる学びが行われているかという形成過程における学びを対象として行う評価である。

特に，学び手がいかに学ぶかという学びの過程（プロセス）を評価することの意味は，学び手がいかに学びを通して資質・能力を形成していくかということを対象化して評価することであり，Assessment の評価としても重要となる。

このパフォーマンス評価で重要なことは，どの活動を通して評価するかを具体的に事前に被評価者に示しておくことである。それにより，単元における学習活動が学習者にとってより明確になる。ただし，「評価の観点を示すと，評価の対象となる活動のみを被評価者が行う」ということがよくいわれる。だが，年間指導計画での評価の対象となる単元の中で行われる評価であれば，それ以外の評価内容は他の単元で評価を行うことで，多面的・多角的な評価を行うことは可能となる。

中教審「28 年答申」には，「パフォーマンス評価」について，次のように示されている（p.446）。

> 知識やスキルを使いこなす（活用・応用・統合する）ことを求めるような評価方法。
> 論説文やレポート，展示物といった完成作品（プロダクト）や，スピーチやプレゼンテーション，協同での問題解決，実験の実施といった実演（狭義のパフォーマンス）を評価する。

　これまで日本の学校教育の評価として多く行われてきたペーパーテストは，知識の習得と再生とを学習の結果として評価するには，優れたものである。しかし，このペーパーテストで量的に測定することのできる学力のみが学力の全てではないことに気付いた今日，学習の結果としての知識の習得量と再生の正確性のみだけではなく，「どのように学んだか」という学習の実質的な内容を問う評価が求められるようになった。そのため，これまでのペーパーテストのみではなく，パフォーマンス評価が意味をもつことになった。

　パフォーマンス評価によって学びの「過程」（プロセス）を評価することも，学ぶということをより深めたり広げたりするために重要な意味をもつ。この学びの「過程」そのものを対象として評価することも，これからの学びの中では重要となる。

　そのことは，「いかなる学びの過程を通して，今ある自分となったか」という，学び手一人一人の「思考力・判断力・表現力等」の育成につながる。それは，学習の過程を通した資質・能力の形成過程を評価として意味付けるものとなる。

　一方，このパフォーマンス評価は，学びの過程の中での「行為」を対象とする評価とされており，学びの過程はその全てが「行為」であるために，評価対象を明確にすることが難しく，どのような行為を対象として評価するかがわかりづらいという一面もある。

　したがって，学習の過程（プロセス）における評価が，全ての学習評価において適切かどうかの判断は，その単元や題材で育成すべき資質・能力を何にするかによって異なることを明確にしておく必要がある。

　さらに，このパフォーマンス評価におけるプロジェクトを通しての評価では，資質・能力の育成を図るための評価の計画・設計（デザイン）が重要となる。そこで，単元や題材の授業計画を立てる段階から，学び手に身に付けさせたい資質・能力の評価計画を立てることが求められる。単元や題材の計画は，授業計画のみでなく，評価計画も授業と表裏一体のものとして計画・設計（デザイン）しておくことが大切となる。

③ 観察による評価

　観察による評価は，評価者の継続的な観察が求められる。継続的な評価に有効なのは個人ごとの観察記録であり，そのポートフォリオである。そこでは，何を，いつ，どのように学んだか，そして，その成果としてどのようなことがわかったか，どのような活動や表現として子どもたちが表出したかの記録をもとにしたり，その観察を継続的に見取ったりすることが重要となる。それは一過性のものではなく継続性が重要となる。

　特に，「特別の教科　道徳」における個人内評価は，観察による評価を短期でなく長期に行うことにより，一人一人の子どもたちの状況を見取り，Assessment としての評価として機能させることが重要となる。

　観察による評価は，評価者が子どもたちを観察し，それを単に伝えるだけではなく，観察による評価の結果を次の学びにいかにつなげているか，そのカリキュラム・マネジメントの内容も問われることになる。

　ここにおける評価も，学習の終了時に学習者を値踏みすることではなく，授業の過程の中での観察を通し，子どもたち一人一人の学びをよりよくするためのものである。

④ ポートフォリオによる評価

　ポートフォリオとは本来，紙挟み，書類入れのことである。自己の学習履歴をファイルとしてためるなど，子どもたちが学習過程の中で活動した記録や作品を蓄積することに意味がある。ただし，全てを蓄積するのではなく，個人がどれを記録して何を残すか，何を捨てるかを取捨選択する。このことで，個人が自己の学習過程に対しての評価を行っていることになり，その活動自体も重要になる。そのため，ポートフォリオ評価は学習の過程における形成的な評価として意味がある。

　中教審「28 年答申」では，「ポートフォリオ評価」について，以下のように示している（p.446）。

　　児童生徒の学習の過程や成果などの記録や作品を計画的にファイル等に集

積。

そのファイル等を活用して児童生徒の学習状況を把握するとともに，児童生徒や保護者等に対し，その成長の過程や到達点，今後の課題等を示す。

　ポートフォリオ評価は短期のスパンでの評価ではなく，長期を視野に入れ，一人一人の子どもたちの学習状況を，長期にわたって見取る点に特徴がある。

　また，ポートフォリオによって長期にわたって蓄積した資料をまとめ直し，子ども自身が自分の学びの履歴を自分自身で振り返り再構成することを通して，自身が学びの過程を認識するためにリフレクションすることも，自己評価として重要になる。そこに，自己を調整する資質・能力が育成される。

　特に，子どもが自己評価を行うにあたっては，それまでの学びの記録が重要になる。一人一人の子どもが自分の学びを振り返り，その学びを意味付けることを行うためには，何を，いつ，どのように学んだかを振り返るための資料が必要となる。そうした場面でも，ポートフォリオは機能する。さらに，自分の学習をリフレクションを通してメタ認知し，いかなる資質・能力が学びを通して育成されたかを自覚するためには，学びそのもののプロセスが重要となる。その学びの内容を子ども自身が自覚するためにも，ポートフォリオとしての学びの内容の履歴が大切となる。

　また，どのような学びによって，何をどのように評価されたかを保護者に連絡するにあたっても，ポートフォリオとして蓄積された具体を用いて説明することにより，評価の妥当性と信頼性とを保障することにもなる。

⑤ 自己評価・相互評価

　自己評価・相互評価は，中教審「22年報告」（p.11）で，「学習活動」として位置付けられている。

　評価とは，授業を行う教師が，その授業の目的と内容とを，授業を通していかに学習者である子どもたちに身に付けさせることができたかを問うものである。それゆえ，自己評価・相互評価は学習活動であり，学習者である子どもたちが，学習活動を通して自己の学習をメタ認知するためのものとして

位置付けられている。

　新学習指導要領では，各単元での観点別学習状況の評価項目が「知識・技能」，「思考・判断・表現」，「主体的に学習に取り組む態度」の3観点になった。特に，この評価の観点の中の〔主体的に学習に取り組む態度〕は，その主体を学習者である子どもたちにおいており，学習者自身がこれまで以上に自己の学習の評価を認識し調整しなくては，資質・能力の育成を図ることが難しくなっている。

　そのことは，これまで多く行われてきた，学習の結果としての評価のみではなく，学習のプロセスの中での評価を通し，学習者に学習の内容をより自覚的に意識させることが重要となるということでもある。言いかえるならば，学習した内容を学習者自身がリフレクションを行い，メタ認知を通して，育成された資質・能力を確認することが自己評価となり，また，他者との交流の中で自己の育成された資質・能力を確認することが相互評価となる。

　先にも述べたが，自己評価・相互評価は，基本的には学習者の学習活動である。それは，活動として自己の学習をリフレクションを通して対象化するというメタ認知であり，そのことが学習活動として重要となる。

　この学習活動としての自己評価・相互評価は，学習者として学習を真に対象化することができるかが大きな課題である。自己評価において，ともすると自分自身を厳しく見つめ直すことを行う学習者は，自己評価の内容を厳しいものとすることがある。また，それとは反対に，自分を厳しく見つめ直すことがなく，甘い評価をすることもある。そこで，自己評価・相互評価を学習活動として行う場合には，第三者からの評価を行うことが大切となる。その役割が第三者としての指導者の役割となる。したがって，学習活動を通して育成すべき資質・能力としての学力の内容を評価するにあたっては，これまでと同様に指導者である教師が主たる評価者とならなくてはならない。

　目標に準拠した評価は，本来，指導者としての教師が評価内容を学習指導する指導事項を勘案して，学習指導要領の「2内容」の指導「事項」から位置付けるものである。言いかえれば，学習を通して育成すべき資質・能力は，指導者としての教師が決定するものであり，学習者としての児童・生徒が決

めるものではない。だからこそ，自己評価・相互評価においても，それは学習者の活動として行われなければならないものであり，そこで行われた学習活動について，指導者である教師が評価を行うことになる。

　ここで問題となるのは，学習者の活動に対してのものと，学習の実現状況を指導者が意味付けるものとの違いが，「評価」という一つの用語によってしか表せないことである。

　今日求められている学習評価は，学習によって身に付けるべき資質・能力が育成されたかどうかを，指導者が評価することを求めている。自己評価・相互評価は，学習者が行う学習活動の内容を対象とした評価であり，学習者自身が学びを通してどのような資質・能力を身に付けたのかを評価（Assessment）することは難しい。

⑥ ルーブリックによる評価

　近年，日々の授業の中で，評価をもとに学力育成を図ることを目的にして，何をどのように評価するかを，子どもたちに具体的に明らかにするルーブリックが用いられることがある。また，各学校の育成すべき資質・能力（学力）の内容を明確にするために，ルーブリックを作成する学校もある。

　ルーブリックとは，評価する内容ごとに評価項目とその尺度とを文章によって提示した，評価の基準表である。しかし，ルーブリックを作成すること自体が目的となってしまっている例も少なくない。それは，実際の授業で使いにくいものがあることや，ルーブリックを作ってもそれを活用せずにいる場合もみられていることからも理解できよう。

　ルーブリックは，個別の課題ごとの評価基準であり，対象となる単元ごとに具体的な個別の課題として基準を示さなくてはならない。この基準を一般的なものにすることは，ルーブリックの本来的な機能ではない。

　本来，ルーブリックは一人一人の教師が作成すべきもので，一人一人の教師ごとに基準は異なる。授業での課題が異なれば，課題ごとに一人一人の教師が，その授業に合わせたルーブリックの作成を行わなくてはならない。つまり，ルーブリックには，一人一人の教師が自分の行った授業の課題に対す

る評価基準として，評価の具体の内容が示されていなければならない。

　したがって，カリキュラム・マネジメントとして学校全体で評価を考えることの対極にルーブリックはあると言える。

　ルーブリックでは，その尺度の基準をいくつかの評定の段階に分けて示すが，中教審「28年答申」には，次のような表としてイメージ例が示されている（p.446）。

尺度 項目	IV	III	II	I
項目	…できる …している	…できる …している	…できる …している	…できない …していない

　しかし，忙しい学校で，各教科の各単元について，各単元の授業ごとに一人一人の教師が個人的に新規のルーブリックを作成することは負担が大きい。また，ルーブリックでは，段階ごとの評価内容を具体的に示さなければならないため，抽象的な記述の評価内容では，ルーブリック本来の具体的な内容を対象とした評価ができなくなることもある。さらに，最上位の評価（4またはIV）においてその内容を具体的に表現するため，その内容を超える評価やそれ以外に優れている内容を評価することができないという欠点もある。

　したがって，学習指導要領の目標と内容に評価の観点がB規準として示されていることから，「観点別学習状況の評価」を行うことで事たりるので，新たに単元や題材ごとにルーブリックを作成する必要はない。

　観点別学習状況の評価は，各教師が行うそれぞれの授業に対して，A・B・Cとして既に評価の具体を示しているのである。

7. 評価をどのように行うか

(1) 評価のタイミングと頻度

　今回の学習指導要領改訂では，学習のまとまりを単元や題材として行うこ

とが示されている。したがって，授業の評価規準として示されている三つの観点について，何を，いつ，どのように行うかが評価のタイミングとなる。ただし，各教科等において，それぞれの教科の特質があるので，それに合わせた評価のタイミングが重要となる。

　単元や題材の評価規準として示された「知識・技能」，「思考・判断・表現」，「主体的に学習に取り組む態度」の３観点を，単元の中で原則それぞれ１回ずつ評価することが妥当と考える。これも，各教科等の特質に合わせ，単元の中で評価項目を明示化することにより，教科の特性に合わせた評価とする必要がある。各教科等の特質もあり，例えば，算数・数学や理科においては一つの単元のスパンが長く，各時間ごとの中にも評価の観点が必要となる場合もある。

　「知識・技能」は，単元の授業時間の中でも比較的初期段階の時間に設定されることが多いと考えられる。

　「思考・判断・表現」は，その単元の学習の核となるので，学習の中心的な場面での評価が行われることが多くなると考える。また，この「思考・判断・表現」に関しては，教科によっては評価規準として一つのみの設定ではなく，複数設定されることもある。

　「主体的に学習に取り組む態度」は，その単元の重要課題を取り上げているため，単元の後半での評価となる。単元の初めからこの「主体的に学習に取り組む態度」が育成されているならば，その単元での学習を行わなくてもよいということになってしまう。

② 定期試験について

　これまで日本の中学校や高等学校においては，定期試験として時期を区切り，それまで学んだ範囲についてペーパーテストを行い知識の再生と習得量とを評価してきた。しかし，それだけでは資質・能力の限られた面しかみることができない。

　定期試験は，知識の定着という観点から有効な面もある。しかし，今日，知識を暗記していなくても，スマホやPCにより求める内容を簡単に調べる

ことができる。習得する知識の内容の価値をどのように考えるかによって，学校教育において取り上げ，習得しておかなくてはならない知識の内容が決められる。その内容の習得を求めることに関して，これまで行われてきた定期試験だけでは資質・能力の育成には機能できなくなってきている。

　一方，知識の習得に関係せず，学んだことをある一定のスパンの中で習熟しているかをみる定期試験も考えられる。

　学校で行われる単元や題材での学びは，年間計画の上からも連続性や継続性が明確ではない場合がある。定期試験によって，学習者のそれまでの学びがいかに機能し，統合化された文脈となって一人一人の学習者に構成されているかをみるには，ある一定の期間が必要となる。そのためには，単元や題材での学びの終了直後に行う評価とともに，一定の期間が経過してからの評価も重要となる。

　定期試験は，短期的な評価のみでみることのできない評価を，一定のスパンの中で評価することに機能する。しかし，いつもいつも定期試験では，さまざまな学びの内容を評価することはできないことは自明である。

　これまで，中学校や高等学校で自明とされてきた定期試験も，これからの時代が求める資質・能力を育成するという視角から，よいところは残しつつ見直しを行うことが求められている。

③ 「学習評価」と「総括としての評定」

　評価という言葉には，Evaluation としての意味と，Assessment としての意味があることは，これまでにも述べてきたし，さらに，これからの時代が求める資質・能力を育成するためには，Assessment としての評価が重要であることも述べた。

　この Assessment の評価は，これからの時代に学校教育で行われるべき学習評価である。多様化した今日の状況の中で，何を価値とし，これからの未来を生きる子どもたちに，どのような資質・能力を育成したらよいのか。その判断が難しい時代である今日，さらに，未来そのものが不透明な状況にある今日，次代を生きる子どもたちにどのような資質・能力の育成を図るかが

問われている。

　これからの学校教育において育成すべき資質・能力が新学習指導要領において示されたことは，日本の公教育において，この資質・能力の育成が最低限図られなくてはならないということでもある。

　言い方を変えれば，これからの日本の公教育においては，中教審「31 年報告」に示されている各教科等の評価の観点としての「知識・技能」，「思考・判断・表現」，「主体的に学習に取り組む態度」の育成を図り，その学習評価を行うことを通して，これからの時代が求める資質・能力を子どもたちに身に付けさせることが求められていることになる。

　子どもたちに資質・能力を身に付けさせるということは，それを身に付けさせる側の教師にとっての最大の責務ともなる。

　したがって，子どもたちに学習評価を行うということは，教師にとってもその育成が実現するような指導が行われたかの評価となって返ってくるのである。だからこそ，繰り返しになるが，Evaluation としての評価ではなく，Assessment としての評価が求められる。

　Assessment としての評価には学びの過程の中での評価も入っているが，Evaluation としての評価にその過程を含めることは少ない。ここに，Assessment として行う評価の大変さと大切さとがある。

　この Assessment としての評価は，学びの過程の中にある評価として，子どもたちの学びの過程全てを対象としている。ただ，多くの児童生徒を抱える日本の学級において，学級の一人一人の児童生徒の学びの過程を全て見取り，評価することは無理であろう。だからこそ，評価規準を精選し，何を，いつ，どのように学習評価として行うのかを，あらかじめ設定する必要がある。

　それが，先にも述べてきた単元や題材の指導計画の重要性である。単元や題材の中で，新学習指導要領が求める「知識・技能」，「思考・判断・表現」，「主体的に学習に取り組む態度」の三つの観点に沿って評価規準を絞り込み，その内容を教師のみが知っているのではなく，子どもたちにも開示しておくことが求められる。

　学習評価は，学びの結果としての値踏みの評価（Evaluation）ではなく，学びの過程の中で教師の支援（Assessment）を通して，いかに資質・能力を子どもたちが身に付けていくかが重要となる。何のために評価を行うかといえば，子どもたちの資質・能力を伸ばすことが最も重要であることを忘れてはならない。ここまでにも何度か述べてきているが，学習評価は一人一人の子どもの資質・能力を育成するために行われるのである。集団の中での位置付けや，他者との比較をするために行われる学習評価の時代は，過去のものとなっている。

　これら学びの過程を蓄積することによって，それぞれの学年の終わりに，一年間の学習をまとめることが評定となる。評定という言葉が表すように，「評価を定める」ということになる。評定に関しては，結果としてのものであり，年間の学習を総括して示すことになる。

④「児童生徒指導要録」における評価

　子どもたちの日々の学びを Assessment として評価することは，子どもたちの資質・能力の育成を学校の教育活動を通して行うために重要である。その日々の学びを一年間を通して行ったまとめとして，評価の総括を記録としてとどめておくのが指導要録の役割である。

　学習指導要領をもとに培われた資質・能力は，子どもたち一人一人の学びの総括として指導要録に残ることになる。その保存期間は，入学，卒業等の学籍に関する記録（各教科・科目等の修得単位数の記録を含む。）については卒業後 20 年，指導に関する記録については卒業後 5 年とされている。

　今回の学習指導要領改訂に合わせ，指導要録の記入欄の改善も図られる。

　小学校，中学校，高等学校の指導要録に，観点別学習状況の評価として「知識・技能」，「思考・判断・表現」，「主体的に学習に取り組む態度」の参考様式が記載欄として設けられる。また，「評定」についても，各教科・科目ごとに記載欄が設けられる。なお，「評定」については既に，2001（平成 13）年の指導要録の改訂から小学校の低学年では評定の欄を廃止し，中・高学年では従前の 5 段階評価「5・4・3・2・1」から 3 段階評価「3・2・1」に改め

られている。また，中学校・高等学校では従前の5段階評価「5・4・3・2・1」のままとなっている。

　指導要録における各教科の評価については,学習状況を分析的に捉える「観点別学習状況の評価」と，学びのまとまりごとに総括的に捉える「評定」とを指導要録に記載することになる。

　「観点別学習状況の評価の評定への総括」は，観点別学習状況の評価として観点ごとに，質としての評価を「A」「B」「C」で行っている。

　しかし，それが「学習評価を評定への総括」とする時，「質」としての学習評価を「量」としての評定に転換している。ここに「観点別学習状況の評価の評定への総括」の矛盾が生じる原因がある。

　そもそも，「目標に準拠した評価」は，学習指導要領の「目標」と「内容」（指導「事項」）とを評価の観点として,それを観点別に評価するものである。また，学習指導要領の「目標」と「内容」（指導「事項」）を評価対象とした評価は，質的な内容を評価対象としており，その質的な内容（A・B・C）の評価を数値としての量的な評価（5・4・3・2・1）へ転換することには，さまざまな難しさがあることを指摘しておく。

　これまで，日本の学校教育における評価は，1948（昭和23）年の学籍簿によって，それまでの主観的な認定評価から，評価の客観性を保障するために集団に準拠した評価（相対評価）に変わり，量的な評価を1970（昭和45）年版の学習指導要領まで行ってきた。

　しかし，集団に準拠した評価としての相対評価は，数値による客観性をある意味では担保したものの，「5・4・3・2・1」のパーセントの割合が限られており，子どもたちがいくら努力をしても評定に反映することができない場合もあり，時代の変化の中で評価についての矛盾と限界を露呈してきた。

　そこで，1998（平成10）年版の学習指導要領で目標に準拠した評価が取り入れられたが，それまでの集団に準拠した評価に社会一般が慣れ親しんでいたために，学習評価の転換への理解が進まず，今回の学習指導要領改訂に基づく指導要録においてもその矛盾が残されたままとなった。

⑤「個人内評価」の意味

　個人内評価は，一人一人の子どものよさや可能性や学びのプロセスを見取り，その進歩の状況について言葉で評価することである。

　中教審「28年答申」では，育成を目指す資質・能力の三つの柱として「何を理解しているか　何ができるか」（知識・技能），「理解していること・できることをどう使うか」（思考力・判断力・表現力等），「どのように社会・世界と関わり，よりよい人生を送るか」（学びに向かう力　人間性等）が最重点課題とされている（pp.28-31）。

　この三つの柱を学校教育においては授業を通して育成を図ることが求められる。観点別学習状況の評価として，「何を理解しているか　何ができるか」（知識・技能）は「知識・技能」，「理解していること・できることをどう使うか」（思考力・判断力・表現力等）は「思考・判断・表現」，「どのように社会・世界と関わり，よりよい人生を送るか」（学びに向かう力　人間性等）は「主体的に学習に取り組む態度」という三つの観点として学習評価が行われる。

　なお，この育成を目指す資質・能力の三つの柱の中の「学びに向かう力　人間性等」に示された資質・能力には，感性や思いやりなど幅広いものが含まれている。しかし，感性や思いやりなどについては，学習状況を分析的に捉える観点別学習状況の評価になじまないことから，観点別学習状況の評価としての「主体的に学習に取り組む態度」からは対象外としている。

　資質・能力の柱の中の「学びに向かう力　人間性等」には，「観点別評価や評定にはなじまず，観点別学習状況の評価として示しきれないもの」があることから，この内容については教師が見取り，声がけをしたり，文で評価したりする言葉による個人内評価を行う必要がある場合がある。

⑥ 評定平均値について

　評定平均値は，文部科学省初等中等教育局が定めているものではなく，文部科学省高等教育局長名の通知「大学入学者選抜実施要項について」として，毎年度出されている。

そこには，

　第5　調査書
　　1　各大学は，入学者選抜の資料として，高等学校生徒指導要録（以下，
　　　「指導要録」という。）に基づき，別紙様式により作成された調査書を
　　　提出させる。

とある。

　小学校，中学校，高等学校における学習評価は「指導要録」に記載される
が，評定平均値は大学入学者選抜の資料としてのみ記載されるものである。
ただし，近年，例えば，奨学金の受給のための審査等でも用いられることが
多くなってきた。

　1947（昭和22）年の新制大学の発足に合わせ，文部省が1949（昭和24）
年に「新制大学（並びに専門学校等）入学者選抜方法の解説」を出しており，
これが今日の「大学入学者選抜実施要項」につながるものとなっている。こ
の大学入学者選抜実施要項における評定平均値が5段階評定となっているた
め，指導要録における量的な評定がいまだ残らざるを得ない状況を生み出し
ている。

　評定平均値は，大学への入学志願者の高等学校の学習成績を全体として知
ることが必要である場合も多いことから，評定平均値を調査書に記載する欄
を設けることにより，調査書を利用しやすいものにし，これまで以上に調査
書を重視するために，1969（昭和44）年度から設けられた。

　1972（昭和47）年度からは，調査書の学習成績概要の記載を，「全教科の
総合成績」から「各教科・科目の評定平均値の平均」に基づいて記入するこ
とになった。そのことにより「評定平均値」欄は，必ず記入すべきものとなっ
た。さらに，1997（平成9）年度からは，新教育課程の変更により，「全体
の評定平均値」として，「全ての教科・科目の評定の合計数をすべての評定
数で除した数値」で示されることとなった。

　評定平均値は，基本的には初等中等教育との関わりではなく，大学入学者

選抜ということに関わるものであり，そこでの評価の在り方を考え直す時期に来ている。既に，小学校においては，低学年の評定は指導要録への記入が行われていない。

　また，評定平均値は全ての教科の平均であり，生徒が実際の単位時間で学習した内容との整合性は取れていない。高等学校では必履修科目と選択科目とに分かれており，それぞれの教科・科目において履修する単位数は異なっている。履修時間としての受講する時間の多い教科と少ない教科とを一緒にして評定の平均値を出しているに過ぎず，教科・科目の取り方によるバランスを欠いている評価でもある。

　さらに，評定平均値を出すことにより，各教科や科目が平均化されてしまうという大きな欠陥がある。子どもたちは，一人一人異なる資質・能力を有している。得意な科目もあれば，不得意な科目もある。それが個性であり，その一人一人のよさを生かすことが評価として重要である。しかるに，評定平均値は，それを平均化して，しかも数値としてしか評価内容を表すことができない。それゆえ，評定平均値は，評価として致命的な欠陥のある評価と言わざるを得ない。

　この評価の考え方は，集団に準拠した評価での平均点の考え方と通じるものがある。評価は集団の中での序列を付けることとする考え方を転換しない限り，評価が一人一人の子どもの資質・能力を育成するということに機能することはできない。評価が単に他の子どもとの比較に閉ざされてしまうことになる。

　評定平均値は，大学入学者選抜のためだけにある評価であり（それを他のさまざまな選抜の要件として，例えば，奨学金の出願要件等で使用している場合はあるが），今日の Assessment としての評価にはそぐわなくなってきている。

　学習評価は，子どもたちを選別するためのものではなく，子どもたちの学びを Assessment するためにある。学習評価によって，一人一人の異なる子どもたちを，それぞれの資質・能力に合わせてよりよく育成することがその本質的な意味となる。時代の変遷の中で，これまでよしとされてきた評価の

在り方が，今問い直されなくては，これからの時代が求める資質・能力の育成を学校教育で行うことは難しくなる。

8. 「特別の教科　道徳」の評価

①「特別の教科　道徳」の目標と学習評価

　道徳教育の目標は，学習指導要領「第1章　総則」の「第1」の「2 (2)」に，「道徳教育は，教育基本法及び学校教育法に定められた教育の根本精神に基づき，自己の生き方を考え，主体的な判断の下に行動し，自立した人間として他者と共によりよく生きるための基盤となる道徳性を養うことを目標とすること。」（小 p.14，中 p.19）として示され，さらに，「特別な教科　道徳」の目標を，以下のように示している（小 p.165，中 p.154。括弧内は中学校の記述）。

　　第1　目標
　　　第1章総則の第1の2の (2) に示す道徳教育の目標に基づき，よりよく生きるための基盤となる道徳性を養うため，道徳的諸価値についての理解を基に，自己を見つめ，物事を（広い視野から）多面的・多角的に考え，自己（人間として）の生き方についての考えを深める学習を通して，道徳的な判断力，心情，実践意欲と態度を育てる。

　「特別の教科　道徳」の学習評価は，上記の目標に対して，本書でも引用している学習指導要領「総則」の「第3　教育課程の実施と学習評価」の「2　学習評価の充実」（pp.35-36）に示されている考え方に加え，学習指導要領「第3章　特別の教科　道徳」の「第3　指導計画の作成と内容の取扱い」の「4」に以下の内容が示されている（小 p.172，中 p.158）。

　　児童（生徒）の学習状況や道徳性に係る成長の様子を継続的に把握し，指導に生かすよう努める必要がある。ただし，数値などによる評価は行わないも

のとする。

　上記で特に重要なのは，「数値などによる評価は行わないものとする」ということである。数値による評価は，「値踏みし，序列を付ける」という意味でのEvaluationとしての評価となりかねない。「特別の教科　道徳」の学習評価として，数値による評価はなじまないことは学習指導要領においても言及されている。

　このことについて，道徳教育に係る評価等の在り方に関する専門家会議「『特別の教科 道徳』の指導方法・評価等について（報告）」（2016〈平成28〉年7月22日）には次の記述がある（p.12）。

○　他方で，道徳科における学習状況や道徳性に係る成長の様子の把握は，
- 　児童生徒の人格そのものに働きかけ，道徳性を養うという道徳科の目標に照らし，その児童生徒がいかに成長したかを積極的に受け止めて認め，励ます観点から行うものであり，個人内評価であるとの趣旨がより強く要請されること，
- 　児童生徒自身が，入学者選抜や調査書などを気にすることなく，真正面から自分事として道徳的価値に多面的・多角的に向き合うことこそ道徳教育の質的転換の目的であること，

　を踏まえると，「各教科の評定」や「出欠の記録」，「行動の記録」，「総合所見及び指導上参考となる諸事項」などとは基本的な性格が異なるものであり，調査書に記載せず，**入学者選抜の合否判定に活用することのないようにする必要**がある。

（※ゴチックは，引用者。）

　このことからも，「特別の教科　道徳」の学習評価は，値踏みをしたり序列を付けたりするために行う評価ではないことが，明白である。したがって，他の教科のように観点別学習状況の評価は行わず，一人一人の子どもの学習状況について個人内評価として行うことになる。

　道徳における学習評価は，一人一人の子どもの道徳性に係る成長を促すとともに，学校における道徳科の授業の指導の改善を図ることを目的としており，他者と比較するためのものではないことを確認したい。

② 「特別の教科　道徳」の学習評価の在り方

　「学習指導要領解説『特別の教科　道徳編』」には，小学校，中学校ともに「評価」について，次のように章として取り上げ，解説をしている。

> 第5章　道徳科の評価
> 　第1節　道徳科における評価の意義
> 　　1　道徳教育における評価の意義
> 　　2　道徳科における評価の意義
> 　第2節　道徳科における児童の学習状況及び成長の様子についての評価
> 　　1　評価の基本的態度
> 　　2　道徳科における評価
> 　第3節　道徳科の授業に対する評価
> 　　1　授業に対する評価の必要性
> 　　2　授業に対する評価の基本的な考え方
> 　　3　授業に対する評価の工夫
> 　　4　評価を指導の改善に活かす工夫と留意点

　このような解説を行っているのは，「特別の教科　道徳」の学習評価が他の教科と異なることを示しているからである。

　この「特別の教科　道徳」の学習評価では，

> 目標に掲げる学習活動における児童（生徒）の具体的な取組状況を，一定のまとまりの中で，児童（生徒）が学習の見通しを立てたり学習したことを振り返ったりする活動を適切に設定しつつ，学習活動全体を通して見取ることが求められる。

　　その際，個々の内容項目ごとではなく，大くくりなまとまりを踏まえた評価とすることや，他の児童（生徒）との比較による評価ではなく，児童（生徒）がいかに成長したかを積極的に受け止めて認め，励ます個人内評価として記述式で行うことが求められる。

と，学習評価を個人内評価として，記述による評価を求めている（小 p.110，中 p.112）。
　　さらに，そのスパンについては短いものではなく，

　　道徳科の学習状況の評価に当たっては，道徳科の学習活動に着目し，年間や学期といった一定の時間的なまとまりの中で，児童（生徒）の学習状況や道徳性に係る成長の様子を把握する必要がある

としている（小 p.110，中 p.112）。
　　「特別の教科　道徳」の授業を行ったから，それによってすぐに子どもたちに道徳性が身に付いたか，を評価することは難しい。そのことは，他の教科学習も同様であるが，特に，道徳科においては学習した内容を一人一人が自分のものとするには時間がかかる。学習した知識や技能を再生することだけなら短いスパンの中でも可能だが，道徳性を身に付けることは，一人一人の個の内面に関わることでもあり，時間がかかる。
　　「特別の教科　道徳」の学習評価は，一人一人の子どもの内面における道徳性を理解するため，外言化された表現によって見取るしか方法はない。しかし，中には，外言化を行うための発言や文章表現の苦手な子どもたちもいる。それゆえ教師は一人一人の子どもに注意し，発言や記述という表出以外の子どもたちの表れにも配慮する必要がある。それが，「特別の教科　道徳」で求められている「多面的・多角的」に評価を行うことに通じる。
　　そこでは，1時間の授業だけではなく，複数回や学期，年間のまとまりの中での学習過程を通じ，子どもたちがいかに成長したかを見取ることが重要となる。子どもたちの見取りにおいては，担任として一人の教師が個人とし

てみるだけではなく，他の教師も関わることによって学校として組織的・計画的に行うことも重要となる。

　これらの学習評価を行うにあたっては，学校全体のカリキュラム・マネジメントが機能する。そこで，「特別の教科　道徳」では，年間35回の授業を，いかに意図的・計画的に行われるかが問われている。

③「特別の教科　道徳」におけるカリキュラム・マネジメント

　「特別の教科　道徳」は，教育課程全体の中で，小学校1年生が年間34回，小学校2年生から中学校3年生までの学年では，年間35回の授業時数が組まれている。

　学習指導要領「特別の教科　道徳」に示されている「内容項目」は，小学校第1学年及び第2学年が19項目，小学校第3学年及び第4学年が20項目，小学校第5学年及び第6学年が22項目，中学校が22項目となっている。

　学習指導要領「特別の教科　道徳」に示されている「内容項目」を1時間ずつの授業として行うと，年間指導時数の回数にはいたらない。各学校においては，年間の授業時数に合わせて「特別の教科　道徳」の「内容項目」の年間指導計画を作成し，教育課程の編成を行うことが重要となる。

　「特別の教科　道徳」の教育課程の編成では，学校目標の実現を図るためにカリキュラム・マネジメントを行い，学校の実態や実情に合わせた「内容項目」を繰り返したり，複数回，複数時間行ったりすることにより，年間の指導時数の確保を図らなくてはならない。

　それぞれの学校で地域の特性や学校の実態や実情が異なることは，言うまでもない。そこで，各学校においては，それぞれに必要と思われる「内容項目」を重点化するなどして，「特別の教科　道徳」の年間授業計画を作成することが求められる。

　「教科書『を』ではなく，教科書『で』教える」といわれるように，「特別の教科　道徳」の年間授業計画も教科書の目次の順に従って計画を立てるだけではなく，学習指導要領に示されている各学年の「内容項目」に沿って，各学校の子どもたちの実態に合った教育課程の編成が求められるのである。

　各学校での教育課程の編成を行うことにより，「特別の教科　道徳」の授業を通して学校として求める資質・能力が育成されなくてはならない。そのためにも，学校として「特別の教科　道徳」をも含んだ学校のグランドデザインをもとにして，教育課程の編成，各時間の授業計画・評価計画等のカリキュラム・マネジメントを行うことが重要となる。

④「特別の教科　道徳」の評価の示し方

　「特別の教科　道徳」の指導要録への記述内容について，先に示した「『特別の教科 道徳』の指導方法・評価等について（報告）」では，「道徳科については，指導要録上，一人一人の児童生徒の学習状況や道徳性に係る成長の様子について，特に顕著と認められる具体的な状況を記述する，といった改善を図ることが妥当であると考えられる。」としている（p.12）。

　この欄の記載にあたっては，一人一人の子どもの年間の授業を通したAssessmentとしての評価を行うことに意味がある。一人一人の子どもが1年間の「特別の教科　道徳」の授業を通して，いかに成長したか，よりよく自己変革を遂げたか，そのことを一人の教師のみが評価するのではなく，学校としての組織的・計画的な取組を行うことにより，評価の妥当性と信頼性とに支えられた評価が大切となる。

　このような評価を行うことが「特別の教科　道徳」に求められるのであり，学校としての「特別の教科　道徳」の年間の指導の在り方が問われることにもなる。それゆえ，評価のために定型化した文章を作成し，それをあてはめるような記述の仕方は，「特別の教科　道徳」の評価にはなじまない。

⑤「考え，議論する道徳」の授業づくり

　「特別の教科　道徳」における学習評価を考えるにあたり，最も重要なのは，言うまでもなく「特別の教科　道徳」の授業そのものである。

　これまで道徳の授業は，年間指導計画を立て各時間での目標を設定して充実した指導が行われている学校がある一方で，他教科に比べて軽んじたり他教科の授業にその指導時間を回したりして，道徳の授業としての指導が行わ

れない傾向もなくはなかった。また，授業内容においても，単なる生活経験の話合いや教材文の人物の心情の読み取りに偏った指導が行われることなど，多くの課題も指摘されている。

　このような状況がある中で，学習指導要領改訂により，「特別の教科　道徳」で，以下の具体的な目標が示された。

①　道徳的諸価値について理解する
②　自己を見つめる
③　物事を多面的・多角的に考える
④　自己の生き方についての考えを深める

　上記の①から④までを実現するために「考え，議論する道徳」の授業を行うことがいわれるようになった。

　「考え，議論する道徳」の目標を，週１時間配当の「特別の教科　道徳」の授業のみで育成することには難しさがある。学校教育は各教科等によって成り立っており，それぞれの教科での資質・能力の育成はもとより，横断的な資質・能力の育成を図ることも求められている。

　そこで全ての教科等で「聴いて　考えて　つなげる」授業が意味をもつ。(この授業の詳細は，拙著『変わる学力　変わる授業』〈2015 年，三省堂〉で示している。) どの授業においても，まずは人の話を「聴き」，それをもとに「考え」，さらにそこで考えたことを子ども同士が他の人の話や考えを「つなげる」ことで他者と関わり合い，学級の中で共同で考えることが重要となる。

　「特別の教科　道徳」の授業においても，子どもたちが自分のものの見方や感じ方，考え方を，学級の他の子どもたちからの目を気にせずに，述べたり発言したりすることのできる教室環境を創ることが，まず重要となる。

　そこでは，相手のことをわかろうとして聴く「あたたかな聴き方」と，相手に自分の話をわかってもらおうとして話す「やさしい話し方」とが重要となる。

　この「あたたかな聴き方」と「やさしい話し方」は，「特別の教科　道徳」の授業時間のみでなく，学校教育の全ての時間で行うことが大切である。教室の中の他の子どもたちのものの見方や感じ方，考え方を聞いたり，さまざ

まな表現ができたりするのは，日々の学級での学びと密接に関わっている。そこで，この「あたたかな聴き方」と「やさしい話し方」を，小学校1年生の時から「チーム学校」として学校全体で取り組むことが重要となる。このことを，小中一貫（小中接続）として，小学校1年生から中学校3年生まで通した取り組みを行うと，9年間を通して学校教育におけるさまざまな資質・能力の育成を図ることができる。

　「特別の教科　道徳」の授業では，一人一人の子どもが，具体的な目標としてあげられている①から④までの資質・能力の育成を図ることが求められている。そこでは，一人一人の子どものさまざまなものの見方や感じ方・考え方が大切であり，それを尊重することが教師としての立ち位置となる。

　これまでの道徳の授業において，教師が熱心に道徳の授業を行うあまり，ともすると教師の考え方を示したり，説諭により価値を語ったりしてしまうこともあった。

　「特別の教科　道徳」の授業では，一人一人の子どもの思考・判断・表現等を尊重し，それを認め伸ばすことが教師の役割となる。それは，Assessmentとしての評価となる。そのような授業を行うためにも，「特別の教科　道徳」では，授業の内容と質とが問われることになる。それは，教師主導で行う授業ではない。子ども一人一人が「考え」，他者（学級の友達のみでなく，素材も含め）との対話により「議論」し，それを通して自己を相対化し，リフレクションを行うことを通してメタ認知し，それにより自己調整を行い自己認識を図ることが可能な授業である。

　そのためには，まず，教師も一人一人の子どもの発言を「聴く」ことである。授業において，子どもの発言を教師が復唱したり板書に書いたりすることにより，子どもたちの考えを方向付けたりまとめたりすることは，慎まなければならない。

　熱心に授業を行おうとするあまり，「特別の教科　道徳」が目指している目標と乖離した授業を行うことのないよう，配慮したい。「特別の教科　道徳」が目指しているのは，一人一人の子どもの内面の形成を子ども自身が行うことであり，他からの価値の押しつけではないはずである。そのために「考

え，議論する道徳」の授業が求められている。

　「特別の教科　道徳」の研究授業を拝見することがある。研究授業だから
かもしれないが，整ったわかりやすい板書がある。しかし，その板書は，事
前に計画されたものであることがある。授業準備を行うことは大切だが，子
どもたちの発言は授業で初めて発せられる。その発言を事前に整理すること
には無理がある。また，板書によってある特定の価値のみを取り上げること
や，異なる価値についての内容を取り上げないことなどは，ある特定の価値
に向けての授業になりかねない。さらに，他の授業の板書を参考にすること
もある。それはそれで教師の力量形成のためには必要なことであるが，それ
をそのまま使うことがあってはならない。子どもたちの教室での発言や考え
は，教室の数だけ存在するのであり，他の学級の授業は参考にはなるものの，
そのままの授業を行うことはできない。

　「特別の教科　道徳」に板書は必要なのだろうか。このことについても，
これから授業研究を通して考えたい。教師が子どもの発言を板書することに
よって整理しているが，それが子どもの本当に言いたいことなのか。子ども
の発言を本当にまとめきれているのか。また，板書を書き過ぎれば，そこに
さまざまな内容が示され，かえって子どもたちの発言を整理することにはな
らない面もある。

　「聴いて　考えて　つなげる」授業においては，子どもたちが「思考・判
断・表現」に集中しているときは，次々と発言が「つながり」，教師は，そ
の全て，また，ポイントを板書することを行うことができない場面がある。
だが，そのような授業では，子どもたちは板書を見ることなく授業内容を理
解し，他の人の発言をよく聴いて，考え，自分の考えを表現している。

　授業を通して育成すべき各教科等の資質・能力の本質を理解したとき，各
教科等における特質が生きた，真の授業改善が図られるのではないだろう
か。

カリキュラム・マネジメント

1. カリキュラム・マネジメント

(1) カリキュラムとは何か

　カリキュラムは，ラテン語の currere という言葉を語源としている。その意味は「競技場の走路」などのことであり，その意味の捉え方によって，カリキュラムそのものに対しても捉え方の違いがある。

　カリキュラムは,日本語にすると教育課程という用語があてはまる。ただ,カリキュラムの訳を教育課程としてしまうと，その対象とする内容はかなり狭いものとなる。カリキュラムという言葉は教育内容全体を意味する場合もある。

　日本において教育課程というと,学習指導要領を指す場合がある。しかし,そこにとどまっていては，その地域やその学校で学ぶことの意味が失われてしまう。だから，学習指導要領を基準としつつ，各学校で教育課程を編成することが求められる。教育課程とは，学校教育における教育内容の計画であり，その計画を意図的，計画的に行う指標となる。したがって，教育課程では学校教育における教育内容を系統的に示すことになる。

　また，学校教育などの組織的な教育において，各教科等，そして単元や題材ないし学習経験を一定の範囲と順序で編成することにより，意図的，計画的に学習を組織・構成することが，カリキュラムとしての教育課程となる。この教育課程においては，各学校の教育目標の実現を目的としており，子どもたちの発達段階や学習能力に応じて，順序だてて編成した教育内容として示すことが重要となる。

　一方，構成主義的学力観に立つと，教育課程を意図的，計画的に編成するのではなく，子どもたちが学んだ跡を学習経験の総体として捉え，競技場の走路を振り返ってみるとカリキュラムが創られている，という考え方になる。つまり，カリキュラムは事前に立てておくのではなく，学習者がさまざまな事象に働きかけ，その経験をもとに意味を創り出そうとするときに知識が構成されるという考え方（構成主義的学力観）に基づき，学習者の学習の成果としてカリキュラムが創られる，というのである。

　それは，カリキュラムの語源が「競技場の走路」という点に基づき，「教育実践が終了した時に，初めてカリキュラムが形成される」とするものである。

　しかし，カリキュラムを教育課程として定位する以上，学校教育によって育成すべき教育内容を明示化しておかなくては，学校教育として各学年ごとに何をどのような順序で学んでいくのかという，学年や発達段階に沿った教育活動が難しくなる。

　したがって，日本の学校教育における教育課程としてのカリキュラムは，学習指導要領の目標と内容を規準としつつ，子どもたちの発達段階に即し学ぶべき内容を系統的に示すことが重要となる。

　そこでは，教育すべき内容としてカリキュラムをどのように示すか，その達成をいかに図るか，ということが問われることになる。

② カリキュラム・マネジメントとは何か

　2017（平成29）年3月に告示された小学校と中学校，さらに2018（平成30）年3月に告示された高等学校の学習指導要領では，カリキュラム・マネジメントがきわめて重要な柱となっている。

　カリキュラム・マネジメントという言葉は，「カリキュラム（curriculum）」と「マネジメント（management）」とを一つにまとめた和製英語である。カリキュラムを教育課程，マネジメントを経営，とすると教育課程経営ということにもなる。

　カリキュラム・マネジメントは，学校経営において中核となるものである。そこで，各学校においては学校の教育目標の実現を図るため，子どもたちの実態や実情，地域の現状を踏まえ教育課程を編成・実施・評価することが求められる。そして，そのことを意図的・計画的・組織的にPDCAサイクルとして検証を行いつつ，学校教育の改善・充実を図ることが重要となる。

　新学習指導要領では，「第1章　総則」の「第5　学校運営上の留意事項」（高等学校では「第6款」）の「1　教育課程の改善と学校評価（，教育課程外の活動との連携）等」として，次のことが示されている（小 p.25，中 p.27，高

p.31，括弧内は中・高の記述）。

　　ア　各学校においては，校長の方針の下に，校務分掌に基づき教職員が適切
　　　に役割を分担しつつ，相互に連携しながら，各学校の特色を生かしたカ
　　　リキュラム・マネジメントを行うよう努めるものとする。また，各学校
　　　が行う学校評価については，教育課程の編成，実施，改善が教育活動や
　　　学校運営の中核となることを踏まえ，カリキュラム・マネジメントと関
　　　連付けながら実施するよう留意するものとする。

　この総則によって，新学習指導要領におけるカリキュラム・マネジメント
が位置付けられた。
　カリキュラム・マネジメントについて，中教審「28年答申」では，以下
の内容が示されている。
　まず，「カリキュラム・マネジメント」の重要性として，次のように示し
ている（p.23）。

　　改めて言うまでもなく，教育課程とは，学校教育の目的や目標を達成するた
　　めに，教育の内容を子供の心身の発達に応じ，授業時数との関連において総
　　合的に組織した学校の教育計画であり，その編成主体は各学校である。各学
　　校には，学習指導要領等を受け止めつつ，子供たちの姿や地域の実情等を踏
　　まえて，各学校が設定する学校教育目標を実現するために，学習指導要領等
　　に基づき教育課程を編成し，それを実施・評価し改善していくことが求めら
　　れる。これが，いわゆる「カリキュラム・マネジメント」である。

　さらに，「カリキュラム・マネジメント」の三つの側面として，以下の内
容を指摘している（pp.23-24）。

　　①　各教科等の教育内容を相互の関係で捉え，学校教育目標を踏まえた教科
　　　等横断的な視点で，その目標の達成に必要な教育の内容を組織的に配列し

　　　ていくこと。
　②　教育内容の質の向上に向けて，子供たちの姿や地域の現状等に関する調
　　　査や各種データ等に基づき，教育課程を編成し，実施し，評価して改善を
　　　図る一連の PDCA サイクルを確立すること。
　③　教育内容と，教育活動に必要な人的・物的資源等を，地域等の外部の資
　　　源も含めて活用しながら効果的に組み合わせること。

　カリキュラム・マネジメントとして重要なのは，PDCA サイクルである。
PDCA サイクルは，本来，企業等での生産管理や品質管理などの管理業務
を継続的に行い，それを改善するために行われる手法である。
　PDCA サイクルの原形となる考えを唱えたのは，ジュール・アンリ・ファ
ヨール（フランス）で，管理活動を重要視し「管理とは，計画し，組織し，
指揮し，調整し，統制するプロセスである。」とした。そのことから，PDCA
サイクルでは，以下のようなサイクルで，検証を行っている。
　①　Plan（計画）：計画を作成する
　②　Do（実施・実行）：計画に沿って実施・実行する
　③　Check（点検・評価）：計画に沿って実施・実行されているかどうか
　　　を確認する
　④　Act（処置・改善）：実施が計画に沿って実行されていないことを調
　　　べて処置する
　したがって，カリキュラム・マネジメントでは，その教育内容の管理的な
側面も重要となる。
　PDCA サイクルは，ともすると常に P から始めるように考えてしまうこ
とがあるが，むしろ全体としてのサイクルを考えることが重要である。例え
ば，PDCA の前に R（Research）をおき，まず R が必要とする考え方もあ
るが，この PDCA サイクルはあくまでも全体のサイクルとして常に検証し
ながら，計画，実施・実行，点検・評価，処置・改善するという考え方であ
ることを重視したい。

2. 学校教育におけるカリキュラム・マネジメント

(1) カリキュラム・マネジメントの作成に向けて

　新学習指導要領の作成のもとになる中教審「28年答申」には，カリキュラム・マネジメントについて，以下のような記述がある（p.24）。

（全ての教職員で創り上げる各学校の特色）

○　「カリキュラム・マネジメント」の実現に向けては，校長又は園長を中心としつつ，教科等の縦割りや学年を越えて，学校全体で取り組んでいくことができるよう，学校の組織や経営の見直しを図る必要がある。そのためには，管理職のみならず全ての教職員が「カリキュラム・マネジメント」の必要性を理解し，日々の授業等についても，教育課程全体の中での位置付けを意識しながら取り組む必要がある。また，学習指導要領等の趣旨や枠組みを生かしながら，各学校の地域の実情や子供たちの姿等と指導内容を見比べ，関連付けながら，効果的な年間指導計画等の在り方や，授業時間や週時程の在り方等について，校内研修等を通じて研究を重ねていくことも重要である。

○　このように，「カリキュラム・マネジメント」は，全ての教職員が参加することによって，学校の特色を創り上げていく営みである。このことを学校内外の教職員や関係者の役割分担と連携の観点で捉えれば，管理職や教務主任のみならず，生徒指導主事や進路指導主事なども含めた全ての教職員が，教育課程を軸に自らや学校の役割に関する認識を共有し，それぞれの校務分掌の意義を子供たちの資質・能力の育成という観点から捉え直すことにもつながる。

○　また，家庭・地域とも子供たちにどのような資質・能力を育むかという目標を共有し，学校内外の多様な教育活動がその目標の実現の観点からどのような役割を果たせるのかという視点を持つことも重要になる。そのた

め，園長・校長がリーダーシップを発揮し，地域と対話し，地域で育まれた文化や子供たちの姿を捉えながら，地域とともにある学校として何を大事にしていくべきかという視点を定め，学校教育目標や育成を目指す資質・能力，学校のグランドデザイン等として学校の特色を示し，教職員や家庭・地域の意識や取組の方向性を共有していくことが重要である。

　学校教育におけるカリキュラム・マネジメントについて，上記の「答申」の内容を整理すると，以下のようになる。
①　カリキュラム・マネジメントの実現に向けて，学校の組織や経営の見直しを図り，学校全体で取り組み，学校の特色を創る。
②　カリキュラム・マネジメントの必要性に関して，全ての教職員がそれぞれの役割を理解し，認識を共有し，各教科の授業を教育課程全体の中に位置付けて取り組むことで，子どもたちの資質・能力を育成する。
③　学習指導要領に基づき，各学校の特色を生かし，年間指導計画や授業計画等について校内研修を通して研究する。
④　カリキュラム・マネジメントによって，学校教育目標や育成を目指す資質・能力，学校のグランドデザイン等として学校の特色を示し，教職員や家庭・地域の意識や取組の方向性を共有する。
　このことを，各学校における学校経営計画として実現するために，各学校においてはカリキュラム・マネジメントが求められる。
　新学習指導要領ではカリキュラム・マネジメントについて，「総則」「第1小（中）学校教育の基本と教育課程の役割」（高等学校は，「第1款　高等学校教育の基本と教育課程の役割　5」）の中で，以下のように示している（小 p.18，中・高 p.20）。

　　4　各学校においては，児童（生徒）や学校，地域の実態を適切に把握し，教育の目的や目標の実現に必要な教育の内容等を教科等横断的な視点で組み立てていくこと，教育課程の実施状況を評価してその改善を図っていくこと，教育課程の実施に必要な人的又は物的な体制を確保するとともにそ

　　の改善を図っていくことなどを通して，教育課程に基づき組織的かつ計画
　　的に各学校の教育活動の質の向上を図っていくこと（以下「カリキュラム・
　　マネジメント」という。）に努めるものとする。

　上記の内容が，これからの学校教育におけるカリキュラム・マネジメント
の一般的な定義とすることができる。新学習指導要領では，カリキュラム・
マネジメントをもとに，各学校ごとの教育課程のいっそうの充実と，質の向
上を図ることが強く求められている。

② 学校におけるグランドデザイン

a. 学校のグランドデザインは，学校の教職員全員で作成する

　各学校の学校経営計画をもとに，その内容を具体化したものが学校のグラ
ンドデザインとなる。そこには，学校の教育目標や教育課程が示され，それ
に基づいてその学校における子どもたちに育成すべき資質・能力が明示化さ
れる。

　学校の教育目標を，教職員全員が理解できているだろうか。ある学校にお
伺いした折，「学校の教育目標を言えますか？」と問うたところ，かなりの
先生が下を向いてしまったことがある。それは，一つの学校だけではなく，
かなり多くの学校においても同じ状況が認められている。教職員が，自分が
勤務する学校の教育目標を知らなくても日々の教育活動に支障が起きないの
は，学校目標が直接的な教育活動と結び付いていないからである。それは，
学校における教師の主たる業務が，授業において各教科等の内容を教えるこ
とに焦点があたっているからでもある。しかし，授業を通してどのような資
質・能力を育成するのかを確かなものにするために，その全体像としての学
校の教育目標は，全教職員が共有することが重要となる。

　では，全教職員が学校の教育目標を共有するためには，どのようにしたら
よいのだろうか。

　それには，まず，全教職員が学校目標を理解した上で，学校のグランドデ
ザインを全教職員で作成することが求められる。これまで学校のグランドデ

ザインは，学校長や学校経営を担う教頭，主幹教諭等，限られた範囲のみによって創られていたのではないだろうか。そのため，一般の教員は学校のグランドデザインがいつ，どのような過程で，誰が作成したのかも理解しないまま提示され，その存在を知っているに過ぎない場合が多かったのではないだろうか。

このような状況からの転換を図るためにも，最も重要となる学校のグランドデザインは，学校において学習指導を行う教職員全てが関わって作成することに意味がある。

この学校のグランドデザインの作成にあたってリーダーシップを取るのは，学校長の役割である。学校運営に責任をもつ立場の学校長は，日々子どもたちと向き合い，子どもたちの指導を直接的に行っている各教職員とともに，それぞれの学校で育成する児童生徒像を共有する中で，学校のグランドデザインを作成することが求められる。

学校は，これまでよく鍋蓋型の組織といわれてきた。学校の組織を鍋の蓋にたとえ，鍋の上に出た取っ手の部分が学校長等の管理職であり，それ以外の教職員は同じ立場だということを象徴的に表現したものである。

しかし，近年，リーダーシップの重要性がいわれるようになり，学校長のリーダーシップが求められるようになった。学校長のリーダーシップとは，どのようなものだろうか。

リーダーシップという用語は，『ブリタニカ国際大百科事典 小項目事典』（ティビーエス・ブリタニカ，1993 年）の解説によると，以下のように示されている。

集団の目標や内部の構造の維持のため，成員が自発的に集団活動に参与し，これらを達成するように導いていくための機能。この機能は，一方で，成員の集団への同一視を高め，集団の凝集性を強める集団維持の機能を強化させるとともに，他方で，集団目標の達成に向って成員を活動せしめる集団活動の機能の展開を促すということにある。そのことから，リーダーシップ機能は，表出的・統合的リーダーシップと，適応的・手段的リーダーシップに分

　化していく。また，リーダーシップ類型からみると，放任主義型，民主主義型，権威主義型がある。

　学校長のリーダーシップといわれる時，上記の中で示されている「成員が自発的に集団活動に参与し，これらを達成するように導いていくための機能」という側面よりも，集団をある方向に向けて指導をしたり先導したりする，という意味で使用されることが多い。言い方を変えれば，学校長がトップダウンで指示を出したり，ものを言ったりして，ある方向に導くことがリーダーシップだと捉えられてはいないだろうか。

　このような形のリーダーシップが学校でいわれるようになったのは，学校の組織をそれまでの鍋蓋型から，ピラミッド型のヒエラルキー（hierarchy，上下に序列化された位階制の秩序・組織）に変えようとした組織論の導入による。

　学校教育にこのヒエラルキーとしての階層性を導入しようとしたのは，それまでの鍋蓋型の組織では，組織として学校が機能することのできにくい社会的な状況が生まれてきたことによる。合わせて，教員の年齢構成が若年化し，組織として機能しにくくなったためでもある。

　ヒエラルキーとしての組織は，目的に合わせて一つの内容を伝えるためには効果的であり，全体が秩序だった組織となる。しかし，それでは，言われたことのみを行うだけとなりがちで，学校の創造的な機能は失われてしまう。

　そもそも学校という組織は，教職員一人一人の創意工夫が生かされる組織でなくてはならない。しかし，それは一人一人が勝手気ままをすることではない。そこに組織としての個の尊重がなくてはならない。だからこそ，日本の学校教育では鍋蓋型の組織形態が機能してきた。

　リーダーシップを取り違えて，学校長の意見のみをトップダウンとして通すのではなく，学校教育の目的や目標を実現するために教職員が自発的に各学校の教育活動に関わり，各学校の教育目標の実現のために機能することが重要である。それこそが，真のリーダーシップが発揮された状況である。

　それゆえ，これからの学校の組織では鍋蓋型でもピラミッド型でもなく，

水平型の組織マネジメントが求められる（拙共著『チーム学校を創る』〈三省堂，2015 年〉，「5　水平型の組織マネジメント」pp.30-35)。

　この水平型の組織マネジメントは，「一人一人の教員が自分の教育活動を自覚的に把握し，組織の中でそれをどのように生かせるかを主体的に考え，それぞれの学校における職務と職責を果たしていくこと」と定義できる。

　学校においては，誰もが同じ教育活動を行うことはできない。だとすれば，一人一人の教職員の個性を生かしつつ，それを学校総体として組織的に機能させれば，よりよい教育活動を行うことが可能となる。

　そこで，この水平型の組織マネジメントによって，学校のグランドデザインを作成することが求められる。水平型の組織マネジメントを機能させ，教職員全員で学校のグランドデザインを作成することにより，全ての教職員が学校の教育目標を理解することになる。

　さらに，学校の教育目標は，毎年の検討が必要である。年度年度によって，子どもたちの実態や実情が変わることもある。一方，毎年検討することは，学校の教育目標そのものを毎年変更するということではない。毎年の検討によって，その年度に学校に勤務する教職員全員が，学校の教育目標について の検討を通して，その目標を理解しておくことが重要となる。

　この学校の教育目標は，各学校のグランドデザインを作成する中で検討すべき内容である。

b. 学校のグランドデザインの内容

　各学校で作成する【学校グランドデザイン】においては，［生きる力］としての「確かな学力」,「豊かな心」,「健やかな体」を総合的に捉えることが重要となる。特に，「確かな学力」については，114 ページの図の「カリキュラム・マネジメント」に示されている内容があてはまる。さらに，そこには学校として求められる「安心・安全」や「開かれた学校づくり」の取組など，全体的な視野から，学校教育の総体を示すことが求められる。

　そこに求められるのは，子どもたちに資質・能力を育んでいくために，子どもたちが「何ができるようになるか」,「何を学ぶか」,「どのように学ぶか」

などを各学校が教育課程として位置付けることである。そして，家庭・地域と連携・協働しながらカリキュラム・マネジメントを実現し，各学校における教育課程や各教科等の授業の改善・充実のサイクルを生み出すことで，各学校の教育活動全体を俯瞰できるようにすることが重要である。

　新学習指導要領では各学校において，教育課程を軸として，各教科等横断的な視点による資質・能力の育成や，学年を越えた系統的で組織的な取組を学校全体として行うことが求められている。

　そこで，各学校で子どもたちに育成を目指す資質・能力を，各教科等の内容に沿ったカリキュラム・マネジメントを通じて，各教科等間の相互の関連付けや横断を図り，教育内容を組織的に配列し，各教科等の内容と教育課程全体との関連をこれまで以上に強めることが求められる。

　なお，小学校と中学校では学習指導要領に沿って教育課程を編成するが，高等学校では各学校ごとに生徒の実態や学校の実情に合わせて，学習指導要領をもとにしつつも，各学校ごとに教科・科目選択の幅の広さを生かしながら，生徒に育成する資質・能力を明らかにして，教育課程を編成することが

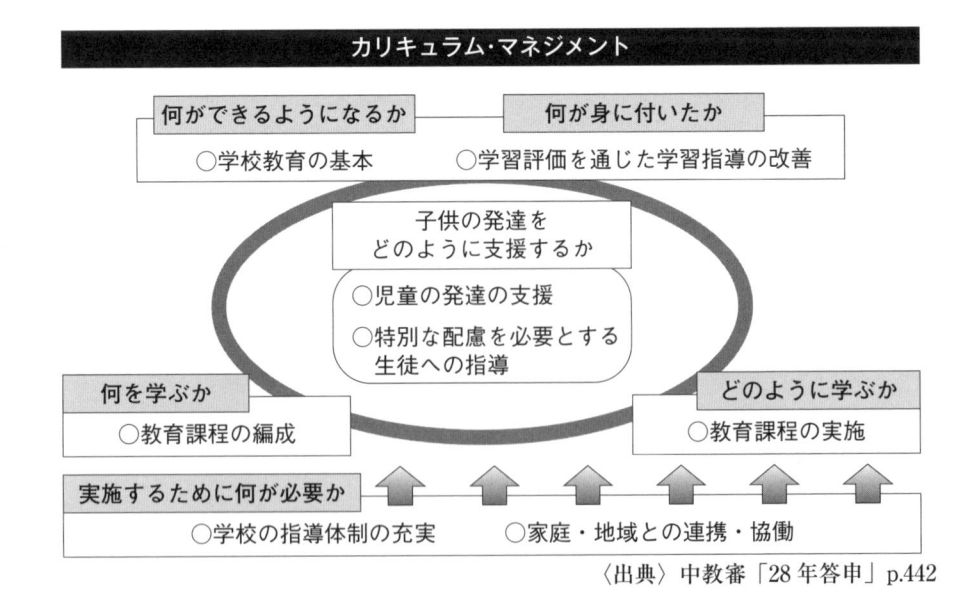

〈出典〉中教審「28 年答申」p.442

求められる。

さらに，高等学校においては，義務教育段階の学習内容の学び直しなど，各高等学校がおかれている現状や多様な生徒の実態に合わせて，柔軟な教育課程の編成と，その活用が求められている。

③ 各学年におけるカリキュラム・マネジメント

学校のグランドデザインを，校長先生をはじめ学校全体の教職員で作成し，次に，各学年におけるカリキュラム・マネジメントを考え，【各学年のグランドデザイン】を作成しなくてはならない。

各学年では，その年度の学級担任や学年の授業担当者が集まり，学年ごとに，該当年度の学年経営計画を立てることが行われる。ただ，中には，この学年経営計画を立てない学校も，あるようではあるが……。

各学年のグランドデザインは，学校のグランドデザインのところでも取り上げた，114 ページの「カリキュラム・マネジメント」（中教審「28 年答申」）の図に示されている内容が基本的なものである。

各学年のグランドデザインは，その年度において該当学年の子どもたちの資質・能力の育成をいかに図るかという教育の内容と，該当学年の子どもたちの実態と実情とを学年で共有するために作成されるものである。この共有化が図られないと，学年全体での資質・能力の育成が，各担任任せとなってしまうことにもなりかねない。

さらに，各学年のグランドデザインを学年順に並べ，資質・能力の育成の内容が，学年の系統として学年間で意味ある配列になっているかの検討を行うことが重要となる。「特別の教科　道徳」，特別活動，総合的な学習の時間においては，特に，その検討が大切である。それは，各学年という年間を通した共時的な指導内容のみでなく，小学校 6 年間，中・高等学校の各 3 年間という年度をまたいだ期間を通して通時的に育成すべき資質・能力の内容を，学校全体で共有しておかなくてはならないからである。

これまでも，各学年ごとに熱心な指導が行われるあまり，学年の色が出すぎてしまい，次年度の学年での指導がしづらい場合もあった。子どもたちは

学年担当の教師を選ぶことはできない。それゆえ，各学年におけるカリキュラム・マネジメントを行うにあたっては，常に，小学校6年間，中・高等学校の各3年間を見通して，その中での一つの学年を当該年度に担当するという「チーム学校」の視点が求められる。そのため，各学年のグランドデザインの作成に際しては，学校全体のグランドデザインを意識して当該学年のカリキュラム・マネジメントを行うという視点をもつことが重要である。

⑷ 各教科等におけるカリキュラム・マネジメント

　各学校では，各学校ごとの創意工夫を生かし特色ある教育活動を進めるため，地域や学校の現状等に即し，それぞれの学校の特色を生かした適切な教育課程を編成，実施することが求められている。

　そのため，各学校における教育課程をサイクルとして常に検証しながら，計画，実施・実行，点検・評価，処置・改善していくことをカリキュラム・マネジメントとして行うことが必要である。

　各学校では教育課程の編成において，カリキュラム・マネジメントとして学校教育全体を通して育成すべき資質・能力と，各教科等で育成すべき資質・能力との関連を図りつつ，教育活動全体を主体的に改善していくことが大切となる。

　そこで，各学校では，学校教育全体に係るカリキュラム・マネジメントを行うとともに，カリキュラム・マネジメントの一環としての【各教科等のグランドデザイン】を作成することが求められる。

　各教科等に求められるカリキュラム・マネジメントの内容としては，次のものが考えられる。

　　①　各教科等で育成すべき資質・能力
　　②　各教科等における育成すべき資質・能力の内容

　この①と②の資質・能力の育成を，各教科等の授業を通していかに育成するかをグランドデザインとして明確にする必要がある。

　また，この各教科等のグランドデザインでは，当該する各教科等において年間でどのような資質・能力を育成するかだけではなく，長いスパンとして

は，小学校6年間，中学校・高等学校それぞれ3年間で育成すべき資質・能力の見通しや系統性が重要となる。

　一方，各教科等で育成すべき資質・能力は，各学年を通して，また日々の授業として1時間1時間の授業を積み重ねることや，一つの単元や題材という短いスパンの中で育成することも大切である。

(5) 教科等横断的な視点に立った資質・能力の育成のためのカリキュラム・マネジメント

　新学習指導要領の「第1　総則」の「第2　教育課程の編成」（高等学校では「第2款」）で，「2　教科等横断的な視点に立った資質・能力の育成」が，以下のように求められている（小 p.19，中 p.21，高 p.20）。

> (1)　各学校においては，児童（生徒）の発達の段階を考慮し，言語能力，情報活用能力（情報モラルを含む。），問題発見・解決能力等の学習基盤となる資質・能力を育成していくことができるよう，各教科等の特質を生かし，教科等横断的な視点から教育課程の編成を図るものとする。
>
> (2)　各学校においては，児童（生徒）や学校，地域の実態や，児童（生徒）の発達の段階を考慮し，豊かな人生の実現や災害等を乗り越えて次代の社会を形成することに向けた現代的な諸課題に対応して求められる資質・能力を，教科等横断的な視点で育成していくことができるよう，各学校の特色を生かした教育課程の編成を図るものとする。

　この教科等横断的な視点に立った資質・能力の育成とは，汎用性のある資質・能力を育成することであり，各教科等の枠組みを超えて育成すべき資質・能力である。

　各学校段階では，この教科等横断的な視点に立った資質・能力の育成を系統的・体系的に行うとともに，これまで各教科等で行ってきた体験活動や協働的な学習，見通しや振り返りといった学習活動も，実社会・実生活の中で求められていることを意識して指導を行いたい。それらのことを通して，教

科を越えた資質・能力を育成することになる。

　その資質・能力の育成を図るための具体の活動の一つとして，言語活動の充実を図ることが重要である。それは，「記録，要約，説明，論述，話合い」という活動を通して，各教科等を横断した資質・能力の基盤となる言語能力を育成することである。

　このような資質・能力の育成では教科の枠を越えた汎用性のある資質・能力の育成に向けた指導が重要となり，指導者がカリキュラム・マネジメントを意識することによってそれを実現することができる。

⑥ カリキュラム・マネジメントを通じた単元としての授業の組み立て

　カリキュラム・マネジメントが実際の授業に生きるのは，単元や題材のまとまりの中で子どもたちが「何ができるようになるか」を明確にしながら，「何を学ぶか」という学習内容と，「どのように学ぶか」という学びの過程を計画し実行することである。そこでは，授業を単元や題材の全体を通して，どのような学習内容を取り上げるのか，それをどのような方法で行うのかを考え，授業構成（授業デザイン）を図ることが求められる。

　「単元」について中教審「28年答申」には，次のように示されている（p.26, 脚注55）。

> 単元とは，各教科等において，一定の目標や主題を中心として組織された学習内容の有機的な一まとまりのことであり，単元の構成は，教育課程編成の一環として行われる。教科書を含む教材の章立て等も，こうした単元の構成をイメージしながら構成されている。また，単元ではなく題材といった呼び方をする場合や，単元の内容のまとまりの大きさに応じて，大単元，小単元といった呼び方を用いる場合等もある。従来，単元については，実生活に起こる問題を解決する経験のまとまりを内容とする経験単元と，科学・学問の基礎を子供の発達過程に即して体系的に教えようとする教材単元という二つの考え方が提起されてきた。現在，各学校において実施されている単元につ

いては，各教科等の系統的な内容を扱いつつ，その中での学習のまとまりを子供にとって意味のある学びとしようとする様々な工夫が展開されており，今回改訂の議論は，こうした工夫を後押ししようとするものである。

日本の学校教育においては，戦後からこれまでの教育の中で，生活をもとに単元を構成する生活単元，経験単元等があり，また，教材をもとに単元構成をする主題単元や話題単元，さらに，能力育成のための単元等があるが，基本的には Unit としての学習のまとまりを単元と捉えてきた。

単元は，Unit というように，一つのまとまりの中で行う学習のことである。このことは，これまで日本の学校で大切に行われてきた1時間1時間の授業を対象とする授業からの転換でもある。もっとも，単元においても1時間1時間の授業の大切さは言うまでもない。しかし，1時間という短いスパンの中で授業を構成するのではなく，数時間というまとまりの中で，単元の授業を通して各時間ごとに設定する資質・能力の観点を積み重ねることにより，目標とする資質・能力の育成を図ろうとするものである。

そこでは，目標とする資質・能力の育成を実現するため，単元の中でさまざまな学習方法を用い，子どもたちが考える場面や教師が教える場面などを設け，単元というスパンの中で見通しと振り返りとを重視した学習を行うことが重要となる。したがって，学習指導案も，これまでの1時間を対象とした指導案から，単元としての指導案への転換が求められる。

これまでの1時間単位の指導案では，1時間の中で「導入→展開→まとめ」という授業の流れを設定してきた。それは，これまでの授業では有効に機能してきている。しかし，時代は資質・能力の育成を図ろうとしているのであり，そのためには観点別学習状況の評価の「知識・技能」，「思考・判断・表現」，「主体的に学習に取り組む態度」の3観点を，1時間で指導し，評価することは難しい。だからこそ，これからの授業では単元としての授業を行うことで，観点別学習状況の評価の三つの観点を，数時間に分けて育成を図る取組が求められるのである。

そこで，単元の中で評価規準としての観点を明確にし，何を，いつ，どの

ような学習活動によって，どのような資質・能力を育成するのかを明示化した，指導と評価の一体化した学習指導案への転換を図らなくてはならない。

それは，まさに教師の学習指導案に対しての意識改革でもある。

さらに，単元の学習指導案はその単元のみの授業を対象にはしているものの，その単元で行う授業内容が年間の中，学年の中でどのような位置にあるか，他に関連する単元があるのか，他の教科等との関連はあるのかということをカリキュラム・マネジメントすることが重要となる。

⑦ カリキュラム・マネジメントに位置付けた評価

カリキュラム・マネジメントを対象にした評価には，学校全体に関わるカリキュラムそのものを対象にした評価と，各教科のカリキュラム（教育課程）の内容を対象とした評価とがある。

学校全体に関わるカリキュラムの評価は，学校評価を行う際に重要となる。

このカリキュラム・マネジメントに関しては，既に，2008（平成20）年の学習指導要領に関しての指導要録作成のために出された，中教審「22年報告」に，今日につながる内容が示されている。

そこでは，学習評価を踏まえた教育活動の改善の重要性を示しており，特に各学校における学習評価を，学習指導の改善や学校における教育課程全体の改善に向けた取組と効果的に結び付け，学習指導に係るPDCAサイクルの中で適切に実施されることが重要であるとされている。その内容は，以下のように示されている（p.11）。

【1】 学校における教育課程の編成や，それに基づいた各教科等の学習指導の目標や内容のほか，評価規準や評価方法等，評価の計画も含めた指導計画や指導案の組織的な作成

【2】 指導計画を踏まえた教育活動の実施

【3】 児童生徒の学習状況の評価，それを踏まえた授業や指導計画等の評価

【4】 評価を踏まえた授業改善や個に応じた指導の充実，指導計画等の改善

　2008（平成 20）年の学習指導要領における評価の観点を示すにあたっては，2001（平成 13）年の指導要録の改訂における評価の 4 観点の枠組みを基盤としつつ，基礎的・基本的な知識・技能の習得とこれらを活用する思考力・判断力・表現力等をいわば車の両輪として相互に関連させながら伸ばしていくとともに，学力の三つの要素を踏まえて，評価の観点が整理された。

　ここで注目されるのは，上記【1】に示されている教育課程編成についての考え方である。ここには，既にカリキュラム・マネジメントとしての発想が認められ，教育課程が単に教育内容を示すのみではなく，評価を含めた学校教育全体の教育活動として機能することを求めている。

　そこでは，指導計画や指導案という具体に関しても，これまで一人の教師が行っていたことから，学校としての組織的な取組への転換を求めており，「チーム学校」とし取り組むことでカリキュラム・マネジメントを基軸に学校教育全体を考える方向性が示されている。

　2008（平成 20）年版学習指導要領の改訂に伴う評価の考え方は，新学習指導要領でも継承され，さらに，充実・発展が図られている。

　中教審「28 年答申」では，学校評価と学校のグランドデザインの関係について，以下のように示している（p.25）。

　　○　各学校が自らの教育活動その他の学校運営について，目指すべき目標を
　　　設定し，その達成状況や達成に向けた取組の適切さ等について評価し改善
　　　していく取組である学校評価についても，子供たちの資質・能力の育成や
　　　「カリキュラム・マネジメント」と関連付けながら実施されることが求めら
　　　れる。

　　○　学校のグランドデザインや学校経営計画に記される学校教育目標等の策
　　　定は，教育課程編成の一環でもあり，「カリキュラム・マネジメント」の中
　　　心となるものである。学校評価において目指すべき目標を，子供たちにど
　　　のような資質・能力を育みたいかを踏まえて設定し，教育課程を通じてそ
　　　の実現を図っていくとすれば，学校評価の営みは「カリキュラム・マネジ

メント」そのものであると見ることもできる。各学校が育成を目指す資質・能力を学校教育目標として具体化し，その実現に向けた教育課程と学校運営を関連付けながら改善・充実させていくことが求められる。

　これまで，評価というと学習評価のみを対象としてきたことは否めない。それは，学校での学習を成績評価という視角からしか捉えていなかったからではないだろうか。

　これからは，評価を学校教育全体に関わる支援としての意味の Assessment として捉え，これまでの値踏みの評価としての意味の Evaluation から，子どもたちの資質・能力を育成していくためのものへとパラダイム転換を図ることが重要となる。

　このように，カリキュラム・マネジメントに評価を位置付けることにより，学校教育で行われる全ての教育活動を対象とした PDCA サイクルの中の重要な存在として，教育活動全体を俯瞰しよりよくすることが可能となる。

　ここに，カリキュラム・マネジメントを対象として評価を行うことの意味がある。

3. カリキュラム・マネジメントと学校評価

① 学校評価導入の背景

　学校評価という言葉が日本の学校教育に登場したのは，中央教育審議会「今後の地方教育行政の在り方について（答申）」(1998〈平成 10〉年 9 月 21 日) である。そこでは，以下のように，これからの学校の在り方について述べている。

　　第三章　学校の自主性・自律性の確立について
　　六　地域住民の学校運営への参画
　　　学校が地域住民の信頼にこたえ，家庭や地域が連携協力して教育活動を展開するためには，学校を開かれたものとするとともに，学校の経営責任

を明らかにするための取組が必要である。このような観点から，学校の教育目標とそれに基づく具体的教育計画，またその実施状況についての自己評価を，それぞれ，保護者や地域住民に説明することが必要である。

　また，学校・家庭・地域社会が連携協力し，相互補完しつつ一体となって子どもの健やかな成長を図るため，各学校においては，PTA活動の活性化や学校区内の各地域における教育懇談会の開催などにより家庭や地域との連携が図られている。今後，より一層地域に開かれた学校づくりを推進するためには学校が保護者や地域住民の意向を把握し，反映するとともに，その協力を得て学校運営が行われるような仕組みを設けることが必要であり，このような観点から，学校外の有識者等の参加を得て，校長が行う学校運営に関し幅広く意見を聞き，必要に応じ助言を求めるため，地域の実情に応じて学校評議員を設けることができるよう，法令上の位置付けも含めて検討することが必要である。

　また，学校評議員には，学校運営の状況等を地域に周知することなどにより，学校と地域の連携に資することが期待される。

　上記には，今回の学習指導要領の改訂に向けた中教審「28年答申」に示されている「社会に開かれた教育課程」への萌芽が認められる。

　この時期，学校はいろいろな問題をしょい込み，学校だけでは解決が難しい問題も多く発生していた。そこで「開かれた学校づくり」という方向性が出され，学校のみで教育問題を抱え込まない状況づくりや，学校外の一般社会とのつながりの中で，学校教育を考えていく方向性が打ち出された。その一例が，校長・教頭の資格要件の緩和であり，民間人校長の導入であった。

　民間人校長に関しては，一時の流行というような状況もみられたが，今日ではある意味で淘汰された感もある。それは，学校教育において，それぞれの人の原体験に依拠した教育論では，理解し実践することが難しく，学校教育についての高度な専門性がなくしては継続した教育ができないからである。

　「開かれた学校づくり」において求められるものは，それぞれの学校がお

かれている状況としての，子どもたちの実態や実情，地域の現状に応じて，それに合った教育活動を，いかに行うかである。

　その趣旨は，文部科学省「学校教育法施行規則等の一部を改正する省令の施行について（通知）」（2000〈平成 12〉年 1 月 21 日）に，次のように示されている。

　　（学校評議員関係）
　　学校が地域住民の信頼に応え，家庭や地域と連携協力して一体となって子どもの健やかな成長を図っていくためには，今後，よりいっそう地域に開かれた学校づくりを推進していく必要がある。こうした開かれた学校づくりを一層推進していくため，保護者や地域住民等の意向を把握・反映し，その協力を得るとともに，学校運営の状況等を周知するなど学校としての説明責任を果たしていく観点から，省令において新たに規定を設け，学校や地域の実情等に応じて，その設置者の判断により，学校に学校評議員を置くことができるものとするものであること。

上記も含め，「通知」の概要は以下のようなものであった。
　(1)　設置者の定めるところにより，学校や地域の実情に応じて，学校評議員をおくことができる。
　(2)　学校評議員は，校長の求めに応じ，学校運営に関し意見を述べることができる。
　(3)　学校外から多様な意見を幅広く求める観点から，学校評議員は，当該学校の職員以外のもので教育に関する理解及び見識を有するものの中から，学校長の推薦により，設置者が委嘱する。
　この学校評議員の設置は，それまで学校に閉ざされていた教育を学校から社会に向けて開き，学校教育の実情や現状を一般社会に理解してもらうというよりも，それまで閉ざされてきた学校に社会通念を取り入れることにより，特殊な社会として閉鎖されていた学校を，社会の中の機構として機能できるように開こうとする方向性のものであり，その制度の確立でもあった。

　このことは，今回の教育課程の改訂においても「社会に開かれた教育過程」が取り上げられ，それまでの機構としての教育を社会に開くことから，さらに，学校教育における内容としての教育課程を社会に開くことにもつながっている。

　学校教育を社会の中で行うという方向性が，この通知によって示されたとも言えよう。そして，この制度化により，各学校では学校評価が求められることとなった。

(2) 学校評価の導入

a. 学校の設置基準の制定に伴う学校評価の導入

　学校評価は，文部科学事務次官通知「小学校設置基準及び中学校設置基準の制定等について」（2002〈平成 14〉年 3 月 29 日）において，以下の内容が示されたことによって制度化された。

　一　制度等の趣旨

　（二）　小学校設置基準及び中学校設置基準に自己評価等及び情報の積極的な提供に関する規定を設ける趣旨

　　平成一四年度から新学習指導要領の全面実施や完全学校週五日制の実施等を踏まえ，小学校等が保護者や地域住民等の信頼に応え，家庭や地域と連携協力して一体となって児童生徒の健やかな成長を図っていくためには，教育活動その他の学校運営の状況について自己評価を実施しその結果を公表するとともに，それに基づいて改善を図っていくことが求められる。また，開かれた学校づくりを推進し，学校としての説明責任を果たしていく上で，小学校等が保護者等に対して積極的に情報を提供することが必要である。このため，こうしたことを一層推進していく観点から，小学校設置基準及び中学校設置基準に，自己評価等及び情報の積極的な提供に関する規定を設けるものであること。

　　―中略―

二　設置基準の概要

(二)　自己評価等（第二条）

① 　小学校等は，その教育水準の向上を図り，当該小学校等の目的を実現するため，当該小学校等の教育活動その他の学校運営の状況について自ら点検及び評価を行い，その結果を公表するよう努めるものとしたこと（第一項）。

② 　①の点検及び評価を行うに当たっては，適切な項目を設定して行うものとしたこと（第二項）。

(三)　情報の積極的な提供（第三条）

小学校等は，当該小学校等の教育活動その他の学校運営の状況について，保護者等に対して積極的に情報を提供するものとしたこと。

―中略―

三　留意事項

(二)　自己評価等（第二条）

① 　小学校等においては，それぞれの学校や地域の状況等に応じて，適切な方法により教育活動その他の学校運営の状況について自ら点検及び評価（以下「自己評価」という。）を行い，その結果を公表するよう努めること。この場合，学校の状況に応じて適切な校内体制を整えるなど，校長のリーダーシップの下，全教職員が参加して学校全体として評価を行い，教育活動その他の学校運営の改善を図ることが重要であること。

② 　自己評価を行う対象としては，例えば，学校の教育目標，教育課程，学習指導，生徒指導，進路指導等の教育活動の状況及び成果，校務分掌等の組織運営等が考えられること。

③ 　自己評価を行うに当たっては，学校の教育目標等を踏まえ，適切な項目を設定し，それに応じて評価を行うこと。

④ 　自己評価を行うに当たっては，その評価結果を教育活動その他の学校運営の改善に活用できるよう，年間を通じて計画的に行うことが望ましいこと。

⑤　評価結果の公表方法については，各学校において，例えば，学校便りの活用や説明会の開催，インターネットの利用など，多くの保護者や地域住民等に公表することができるような適切な方法を工夫すること。

⑥　学校や地域の状況等に応じて，自己評価だけではなく，保護者や地域住民等を加えて評価を行ったりする工夫も考えられること。その際，学校評議員制度を導入している場合には，その適切な活用も考えられること。

⑦　小学校等の設置者や都道府県の教育研究所，教育センター等の関係機関においては，各学校で適切な評価が行われるよう，その内容，方法，公表の在り方等について，不断に研究開発を行うことが望ましいこと。

　この時期にこのような内容が示された理由は，当時の学校5日制の導入もあり，1学級あたりの児童生徒数等も含め設置基準の問い直しを行うことで，学校が地域社会から閉ざされた場所としての存在ではなく，地域社会の中に学校を位置付けることが求められていたからである。

　新学習指導要領でいわれている「社会に開かれた教育課程」の原点は，この時代の学校の在り方の延長にある。そして，上記の内容を実現するために今回の学習指導要領改訂では，そのよりいっそうの具体化が，カリキュラム・マネジメントによって図られるよう求めている。

b. 学校教育法への学校評価の位置付け

　文部科学省が2007（平成19）年6月に改正した学校教育法で，学校評価は，以下のように位置付けられた。

　　第四十二条　小学校は，文部科学大臣の定めるところにより当該小学校の教育活動その他の学校運営の状況について評価を行い，その結果に基づき学校運営の改善を図るため必要な措置を講ずることにより，その教育水準の向上に努めなければならない。

　　第四十三条　小学校は，当該小学校に関する保護者及び地域住民その他の関係者の理解を深めるとともに，これらの者との連携及び協力の推進に資す

るため，当該小学校の教育活動その他の学校運営の状況に関する情報を積
極的に提供するものとする。

　※これらの規定は，幼稚園（第28条），中学校（第49条），高等学校（第62
　　条），中等教育学校（第70条），特別支援学校（第82条），専修学校（第
　　133条）及び各種学校（第134条第2項）に，それぞれ準用する。

　1998（平成10）年の中央教育審議会「今後の地方教育行政の在り方につ
いて（答申）」によって学校評議員制度が学校に位置付けられ，さらに，学
校を地域全体に開くことにより，学校でのさまざまな問題を地域と共有する
ことが行われた。一方学校としても，学校の教育活動を行うにあたって，地
域からの支援や地域との連携により，学校の教育活動を地域に開くことで，
日々の学校での教育活動が地域の中に根付き，子どもたちの学校生活をより
充実したものとできることに気付き始めた。

　このように学校での日々の教育活動を地域に開くことにより，学校にとっ
ても地域にとっても，子どもたちを中心にしてそれぞれの活性化を図ること
が，子どもたちにとっても意味あることなので，学校の側から地域との融合
を図ることが重要となった。

　そこで，これまで閉ざしてきた学校でのさまざまな教育活動を地域に開き，
地域とともに子どもたちを育成する状況を創ることが図られた。

　このことは，地域や保護者が学校に対して，時代とともに変わりつつある
学校教育の現状を理解する機会にもなり，有意義なものでもある。学校が地
域や保護者からの要望や要求を受け入れるだけではなく，地域や保護者が学
校で行われている教育活動をいかに支援するか，という視点をもつ機会にす
るためにも，学校が地域や保護者に開くことが重要となる。地域や保護者に
とっても，学校に対して一緒に支えるということは大切な視点である。学校
の中心にいるのは子どもたちであり，その子どもたちのために，大人たちが
いかに協働できるかが学校評価の充実につながるのではないだろうか。

　学校評価は，学校を地域や保護者がEvaluationとして評価するのではなく，
Assessmentの評価を行って，子どもたちのために学校をともによりよくし

ていく，ということに機能するものでなくてはならない。

　そこで，文部科学省は，2006（平成18）年3月27日に主に市区町村立の義務教育諸学校を対象にした「義務教育諸学校における学校評価ガイドライン」を策定した。これは，その時点においては各学校や設置者の取組の参考としてのものであった。

c. 学校評価の具体

　この学校教育法の改正に沿って出された文部科学省初等中等教育局長「学校評価に係る学校教育法施行規則等の一部を改正する省令について（通知）」（2007〈平成19〉年11月8日）を踏まえて，2006（平成18）年3月に策定されていた「義務教育諸学校における学校評価ガイドライン」を，2008（平成20）年1月に「学校評価ガイドライン」と名称を変えて改訂し，自己評価及び学校関係者評価の実施・公表，評価の結果の設置者への報告に関する規定等が新たに設けられた。

　この2007（平成19）年11月の「通知」によって，小学校と中学校とにおいては学校評価が定位した。ここに示されている学校評価の内容は，今日行われている学校評価を行う際の内容をほぼ網羅している。この時期に学校評価の内容はほぼ確立したと言える。

　ただこの時点での学校評価は，例えば保護者に対して学校の諸活動に対するアンケートを行いそれをもって学校評価とするというような，学校改善の指針にするためのものではなく，学校の現状把握ということのみのものもあった。

　それは，特に学校関係者評価において，学校関係者から学校に対しての要望を単に聞き取ることが学校評価である，というような誤解を生じさせた場面もあった。その理由は，学校評価そのものがどのようなものかが学校側にも地域や保護者の側にも十分に理解されないまま，学校評価という用語が一人歩きし，しかもその用語の「評価」という言葉がEvaluationという意味でのものとして受け止められていたからである。

　学校評価が，Assessmentとして学校と地域・保護者とが一緒になって子

どもたちのために学校をよりよくする，という視点のものになるには，学校評価について次の「学校評価ガイドライン〔改訂〕」の出現を待たなければならない状況であった。

⑶「学校評価ガイドライン」の改訂

　この学校評価を具体化するにあたって，文部科学省は文部科学省初等中等教育局「平成19年度 第三者評価試行フォーマット」（2007〈平成19〉年5月）を示している。そこでは，「義務教育諸学校における学校評価ガイドライン」の「3. 評価の項目，指標の例」に示されている評価項目及び指標を基礎に，第三者評価を試行する際の評価項目及び指標のモデルを示している。ここに，学校評価における第三者評価への施行の視点を認めることができる。

　2006（平成18）年の義務教育諸学校を対象とした「義務教育諸学校における学校評価ガイドライン」（2006〈平成18〉年3月27日）をもとに，先に示した文部科学省初等中等教育局長「学校評価に係る学校教育法施行規則等の一部を改正する省令について（通知）」（2007〈平成19〉年11月8日）や「学校評価の推進に関する調査研究協力者会議」（2006〈平成18〉年7月5日）の設置によって，学校評価についての内容の検討が行われた。

　「学校評価の推進に関する調査研究協力者会議」で行われた調査研究の内容は，以下の通りである（「学校評価の推進に関する調査研究協力者会議の開催について」〈平成18年7月5日〉による）。

　　(1)　学校評価システムの定着の推進について
　　　　①　自己評価の実施と結果公表の義務化
　　　　②　外部評価の実施と結果公表の努力義務化　等
　　(2)　学校評価システムの改善充実について
　　　　①　第三者評価の趣旨，目的，方法について
　　　　②　学校評価ガイドラインの改善等について（学校における目標設定及び評価項目のあり方　等）
　　(3)　その他学校評価に関すること

① 学校評価システムの構築に当たっての国と地方自治体，学校の役割の在り方について（学校への権限委譲，地方自治体における評価及び改善　等）

② 評価者の研修に関すること（評価者研修のカリキュラム，実施方法　等

③ 高等学校，幼稚園，特別支援学校における学校評価の在り方　等

この調査協力者会議の検討結果によって，「学校評価ガイドライン〔改訂〕」（2008〈平成20〉年1月31日）が出された。さらに2年後の「学校評価ガイドライン〔平成22年改訂〕」（2010〈平成22〉年7月20日）によって，1998（平成10）年以降，法律上を含めさまざまな検討が加えられてきた学校評価が，ほぼ定位したと言える。

この調査協力者会議の内容で注目されるのが，第三者評価の検討である。

この第三者評価の導入は，それまでの学校評価がどちらかというと学校の教職員と地域や保護者を中心とする学校関係者とに限られていたものから転換し，学校外の視点を入れた評価も同時に行うよう，機構の改革を行う姿勢を示したものである。

また，2008（平成20）年の改訂では学校評価の対象を義務教育諸学校のみではなく，高等学校，幼稚園，特別支援学校にも広げている。

なお，「学校評価ガイドライン」は，義務教育学校や小中一貫校ができてきたため，義務教育学校と小中一貫校を加えた範囲の学校評価として2016（平成28）年月3月22日にも改訂されている。

この「学校評価ガイドライン」に示されている評価の目的とその内容は，一方で，各学校における日々の教育の内容とその質とが問われるものでもある。各学校においては，その設置の目的に合わせ，各学校ごとの学校目標や，それぞれの学校において育成すべき資質・能力の内容を明らかにするとともに，それを日々の授業を通して育成することが求められている。

そこで，各学校においては，上記のことを実現するために，各学校ごとの教育の具体を示す必要がある。その具体がカリキュラム・マネジメントであり，それゆえ，今回の学習指導要領改訂ではカリキュラム・マネジメントを

重視しているのである。

④ 学校運営協議会による学校評価

　評価という言葉が Assessment としての評価へ転換すると,「学校評価ガイドライン」に基づく評価のみでなく, 地域に開かれた学校として, 学校をよりよくするという視点から, 地域や保護者と協力体制を築くことができる。学校運営に地域や保護者の意見を反映させることで, 地域と学校とが協働しながら, 子どもたちをよりよくしていくという性格も学校運営協議会はもっている。

　中央教育審議会「新しい時代の教育と地方創生の実現に向けた学校と地域の連携・協働の在り方と今後の推進方策について（答申）」(2015〈平成27〉年12月21日）を踏まえ, 学校運営協議会の設置の努力義務化やその役割の充実などを内容とする「地方教育行政の組織及び運営に関する法律」の改正が行われ, 2017（平成29）年4月1日より施行された。

　これにより, これまで学校単位で行われていた学校関係者評価の範囲を, 地域にさらに広げるため, 各学校に学校運営協議会を設置し, 学校と地域・保護者との協働による学校運営を図ることが求められることとなった。

　学校運営協議会の主な役割としては, 以下の三つが示されている。

- 校長の作成する学校運営の基本方針を承認する
- 学校運営に関する意見を教育委員会または校長に述べられる
- 教職員の任用に関して教育委員会に意見が述べられる

　この学校運営協議会により, 地域や保護者と学校がこれまで以上に連携し, 地域に根ざした学校づくりを行うことが求められるようになってきた。

　この学校運営協議会での取組には, 学校における教育活動についての知識と理解とが求められる。学校側からの学校教育についての説明をそのまま承認するだけでなく, また, 学校運営に対して的確な意見を述べるためにも, 各学校がどのような教育目標の下, 日々の教育活動を行っているかという実態を把握しておかなくてはならない。

　そのために重要なのが, カリキュラム・マネジメントとして示されている

内容である。そして，そのカリキュラム・マネジメントを学校運営協議会と
して評価することも，学校評価としての役割となる。各学校ごとのカリキュ
ラム・マネジメントは，その学校の教育活動の実態と具体とを表すものであ
り，カリキュラム・マネジメントがいかに行われているかをもって，各学校
の教育の事実が明らかになると言えよう。

⑤ 学校評価とカリキュラム・マネジメントとの関係

a. 学校評価におけるカリキュラム・マネジメントの重要性

　学校評価を行うにあたっては，各学校におけるカリキュラム・マネジメン
トによって，各学校の教育の内容と実態とを明らかにすることが必要である。
各学校のカリキュラム・マネジメントの実態と実情とを評価することは，学
校評価の中核ともなる。

　そのことに関して，中教審「28年答申」には，「学校評価との関係」につ
いて，次のような指摘がある（p.25）。

> ○　各学校が自らの教育活動その他の学校運営について，目指すべき目標を
> 　設定し，その達成状況や達成に向けた取組の適切さ等について評価し改善
> 　していく取組である学校評価についても，子どもたちの資質・能力の育成
> 　や「カリキュラム・マネジメント」と関連付けながら実施されることが求
> 　められる。

　この指摘は，各学校で行われている教育活動の全体像を，カリキュラム・
マネジメントによって，学校評価としての評価の観点からみることができる
ことを示している。

　特に，これまでの学校評価では学校の教育活動全体からの視点が多く，日々
行われている授業においてどのような資質・能力が育成されているのかの評
価はあまりみられなかった。全国学力・学習状況調査等の結果によって，授
業における資質・能力の育成については一部開示されるものの，学校全体で
の授業に対する取組やその成果が十分に公開されるまでにはいたっていな

い。

　そこには，学校評価として示される項目が，学校目標やそれに伴う学校での運営面に関する内容が主となり，学校教育の本来的な目的である子どもたちの資質・能力をいかに育成しているかということに対しての取組状況を，学校評価として評価委員会で開示することが行われにくい状況が存在する。

　これは，小学校においては各学級担任に日々の授業が任されていることが多いこと，中学校・高等学校においては教科担任に授業が任されていることが要因になっていると考えられる。

　一人一人の教師の授業に対して Evaluation としての評価を行うことは，教師一人一人の人権や能力を判断することになり，避けなければならない。学校における全ての授業を対象として，日々の授業において子どもたちの資質・能力を育成し，その向上を図らなければならないことは言うまでもない。だからこそ「チーム学校」としてのカリキュラム・マネジメントを行い，日々の授業について，そこで育成すべき資質・能力の目標を共有し，各学校における授業の質の向上を図ることが重要となる。

　このことに関して，中教審「28 年答申」（p.25，本書 121〜122 ページ）でも指摘しているように，特に重要なことは，学校の教育目標の策定において，学校のグランドデザインや学校経営計画との関連を図ることである。

　子どもたちの資質・能力は，一人一人の教師が行う授業を通してその育成が図られるが，それを一人一人の教師に任せるのではなく学校全体として責任をもつ。教師が異なっても，子どもたちの資質・能力の育成がほぼ同じように図られなくては，学校の主体である子どもたちにとっての不利益となってしまう。

　だからこそ，学校全体で教育活動を行うための指針として，学校のグランドデザインや学校経営計画が重要なのである。したがって，この学校のグランドデザインや学校経営計画には，各学校を構成する全教職員の理解が求められる。

　各学校の教職員においては，それぞれが教える学級や各教科の授業を行うにあたって，まず学校のグランドデザインや学校経営計画の内容を十分理解

し，それぞれの授業を通してその実現を図ることが求められる。

　そこで各教員は，それぞれが関わる学級や教科等の授業のみではなく，学校のグランドデザインや学校経営計画に基づく授業づくりを行わなくてはならない。その具現化したものが，各学校におけるカリキュラム・マネジメントであり，このカリキュラム・マネジメントと学校評価との関係を意識した授業づくりなのである。

b. 学習指導要領に取り上げられた学校評価

　新学習指導要領における学校評価とカリキュラム・マネジメントとの関係については，新学習指導要領「総則」（高等学校では「第6款」）に，以下のように示している（小 p.25，中 p.27，高 p.31，括弧内は中・高の記述）。

　　第5　学校運営上の留意事項
　　　1　教育課程の改善と学校評価（，教育課程外の活動との連携）等
　　　ア　各学校においては，校長の方針の下に，校務分掌に基づき教職員が適切に役割を分担しつつ，相互に連携しながら，各学校の特色を生かしたカリキュラム・マネジメントを行うよう努めるものとする。また，各学校が行う学校評価については，教育課程の編成，実施，改善が教育活動や学校運営の中核となることを踏まえ，カリキュラム・マネジメントと関連付けながら実施するよう留意するものとする。

　上記の記述は，これまでの学習指導要領「総則」にはなかったものである。今回の学習指導要領改訂において，カリキュラム・マネジメントと学校評価の関係を重視していることが理解できよう。

　これまでの学校評価は，教育課程との関係が明示化されておらず，各学校に任されていた面もある。教育内容の基準としての学習指導要領は，公教育において教育の機会均等の保障を図るものであることは先に述べた。学習指導要領に基づき，各学校において学校の特色を生かして行われるカリキュラム・マネジメントを対象として，各学校の教育内容を評価することが学校評

価には求められている。

⑥ 学校評価を行う時期や回数

　カリキュラム・マネジメントとして学校評価が行われるサイクルは，年度当初に学校のグランドデザイン等を保護者・子どもや地域に提示することによって始まり，年度の終了時に年間を通してのアンケートによる評価によってまとめられることが多い。このことで，前年度のカリキュラムが終了する時期に合わせて学校評価が行われることになる。つまり，その年度のカリキュラムの評価を行うことを通し，次年度のカリキュラムが策定されるというPDCAサイクルの中で多くが行われている。

　近年，そのカリキュラム・マネジメントとしての評価のサイクルを，企業が行っているマネジメントサイクルを参考にして短くすることが行われ，年度の途中で学校評価を実施する学校も出てきた。

　企業におけるマネジメントのサイクルが短いのは，四半期ごとにその成果を集約し，目標をいかに達成できたかを評価することが行われるためである。それは，企業が生産技術の向上や製品管理をし，いかにコストをかけずに生産性を上げるかを追求するためでもある。

　学校教育におけるカリキュラム・マネジメントの評価は，子どもたちをいかによりよくするかという，学校教育の内容と質への評価である。それは，評価によって教育内容をよりよくしようとする営みでもあり，成果主義の評価とは異なることに留意したい。

　学校教育における子どもたちの成長は，一人一人の子どもによって異なることは言うまでもない。また，その成長も時間がかかることが多い。むしろ短期で評価することによる弊害のほうが多くなる場合もある。やったことがすぐにできるようになる子どもは少ない。子どもたちは時間をかけ繰り返す中で次第に成長し，資質・能力を身に付けていく。それゆえ，カリキュラム・マネジメントに対する評価のスパンは，結果的に時間がかかる場合もある。

　ただ，子どもたちの成長とは異なり，学校の評価には，学校経営上，時間をおかずにすぐに改善すべき問題のある場合もある。それに対しては速やか

な対応が求められる。したがって，学校評価は，企業におけるマネジメントと基本的に異なる評価であるという認識が重要となる。

　企業から始まったマネジメント評価であるので，それを目的の異なる教育において同様に行うことは，時間をかけて子どもたちを成長させる場としての学校教育に，プラスにはならないこともあることを認識してマネジメント評価を行いたい。

　何を，いつ，どのように評価を行うのかが，カリキュラム・マネジメントの評価として常に問われている。そして，教職員全員がカリキュラム・マネジメントを行う意味をチームとして理解した上で，学校評価に取り組むことが重要となる。

4. カリキュラムの作成

　新学習指導要領解説総則編（小学校 pp.43-45・中学校 pp.44-46・高等学校 pp.48-50））には，カリキュラム・マネジメントの「（手順の一例）」として，以下の内容が示されている。

　　(1)　教育課程の編成に対する学校の基本方針を明確にする。
　　(2)　教育課程の編成・実施のための組織と日程を決める。
　　(3)　教育課程の編成のための事前の研究や調査をする。
　　(4)　学校の教育目標など教育課程の編成の基本となる事項を定める。
　　(5)　教育課程を編成する。
　　(6)　教育課程を評価し改善する。

　上記に示されたものは手順としてのものであり，どのような内容をカリキュラム・マネジメントとするかは示されていない。（中教審「28 年答申」〈p.547〉には，「カリキュラム・マネジメント『教育課程』と『指導計画』の接続」が示されている。〈次ページ参照〉）

　学校教育の全体像を把握するためには，カリキュラム・マネジメントを俯

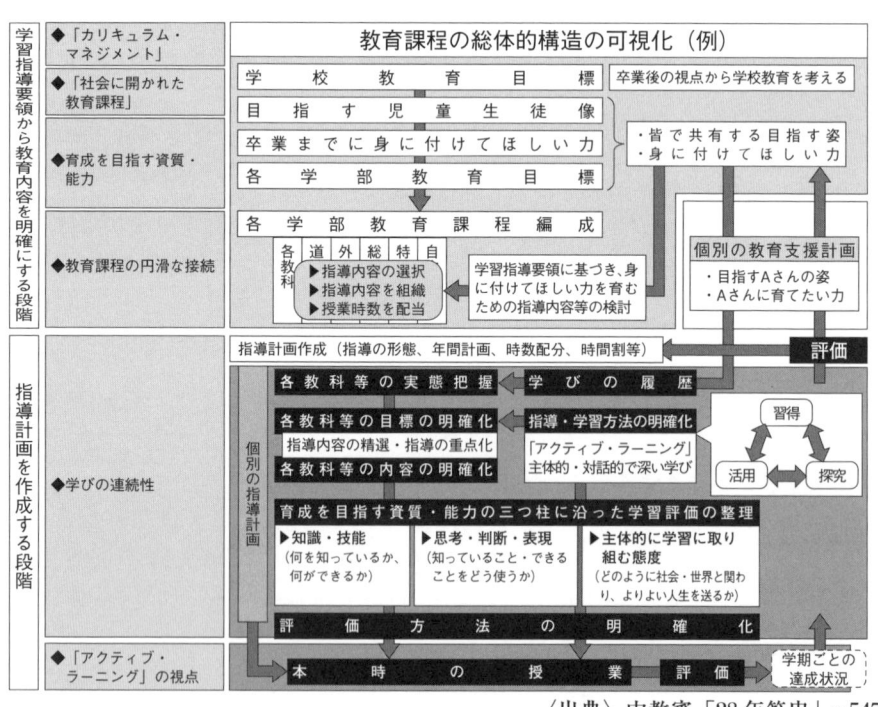

〈出典〉中教審「28年答申」p.547

瞰する必要がある。全体を捉えることにより，各学校における教育活動全体の具体がわかるようになる。それにより，各教科等でどのような資質・能力を育成するか，各教科等を年間を通じてどのような計画のもとに指導をするか，さらに，一つ一つの単元でどのような資質・能力を育成するかということを理解することができる。

　各学校においては，小学校6年間，中学校・高等学校の各3年間のスパンの中で子どもたちの資質・能力の育成を図ることが行われる。子どもたちは，学級担任や教科担任を自ら選ぶことはできない。それゆえ，各学校においては，それぞれの学校に入学してきた子どもたちに，学校の総体として意図的・計画的にその資質・能力の育成を図ることの責任を果たさなくてはならない。

　小学校では，学級王国という言葉が象徴するように，各教室ごとに教育内容が定められ，授業が行われることも多くあったのは事実である。また，中学校や高等学校においては，教科担当者の責任において授業や年間の授業計画，さらに，学習評価が行われてきていた。

　しかし，子どもたちは学級担任や教科担任を選んで各学校に入学してきているわけではない。また，選ぶこともできない。公立学校においては教師の異動もあり，教師を子どもたちが選ぶことのないシステムの中で，これまでの学校教育は行われてきた。それは，子どもたちの責任でもなく，また，教師の責任でもない。そこで，学校として各学校における教育活動，教育内容に責任をもつためにも，学校全体としてのカリキュラム・マネジメントを行うことが重要となった。そのためには，まずカリキュラム・マネジメントの全体像を把握する必要がある。

　カリキュラム・マネジメントの全体像は，次のページの図に示したものである。

　このカリキュラム・マネジメントの全体像を具体化するために，それぞれの段階でのカリキュラム・マネジメントが必要となる。

　このカリキュラム・マネジメントの全体像に示されている各グランドデザインの内容をそれぞれ具体化することによって，各学校で子どもたちに育成すべき資質・能力の内容が具体化される。

カリキュラム・マネジメント

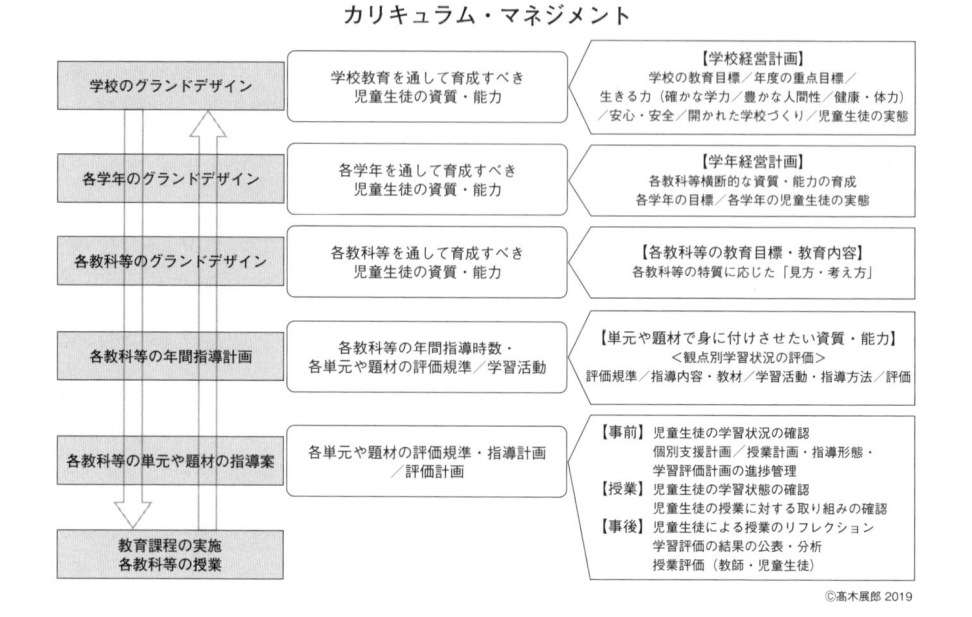

©髙木展郎 2019

　各学校においてカリキュラム・マネジメントを意識した教育活動を行うためには，子どもたちや教職員，保護者や地域の人たちに，これからの時代が求める資質・能力の育成を図るために必要な，日々の教育活動の指針を意識してもらうことが必要となる。その教育活動の指針としてみえるように具体化したものが，このカリキュラム・マネジメントの全体像である。

　そのため，これからの時代の教師は，学校を構成する一人一人としてその個性は大切にしつつ，一人でではなく「チーム学校」として学校における全ての教育活動を機能させたい。一人一人の教師が自分の所属する学校でどのような教育活動を行うのかということを自覚し，意識することが求められる時代となっている。

　そこで，学校としてどのような教育活動を行うのかということを明示化するために，各学校ごとのカリキュラム・マネジメントが重要となる。

　以下，カリキュラムの各段階と内容に合わせて，どのような順でカリキュラムを作成するのかの具体を示す。

(1) 【学校のグランドデザイン】

(2) 【各学年のグランドデザイン】

　　　各学年の年間経営計画

(3) 【各教科等のグランドデザイン】

　　　各教科等の年間経営計画

(4) 各教科等の年間指導計画

(5) 各教科等の単元や題材の指導案（単元や題材の指導計画）

(6) 児童生徒用の学習の計画や評価の方針が示された単元計画（学びのプラン）

(7) 上記（1）から（6）の自己点検・自己評価を行い，改善の方向性を検討する。特に，下記のaからcについては，学校評価の評価内容として重要となる。

　a. 【各教科等のグランドデザイン】の評価

　b. 【各学年のグランドデザイン】の評価

　c. 【学校のグランドデザイン】の評価

以下，（1）から（7）の順にしたがって，その内容について説明する。

① 学校のグランドデザイン

　各学校においては，第一に，各学校での教育活動を通して育成すべき資質・能力を明確にしなくてはならない。それを考えるのは学校の教職員であるが，子どもたち，保護者や地域の人々にも示す必要がある。

　公立の各学校においては，学校のグランドデザインを作成し，各学校の教育目標や教育課程を示している。また，国の教育振興基本計画や各都道府県市町村の教育基本計画に基づき，中期的目標を立て，各年度における学習指導，生活指導，進路指導，学校運営等の教育活動の目標と，それを達成するための具体的方策及び数値目標等を示している場合もある。私立学校においては，その設立の趣旨に合わせ，公立学校と同様な学校のグランドデザインを作成している。

　その学校のグランドデザインは各学校のホームページ等で公開・開示され

ている。しかし，それを多くの人がみているだろうか。みることがあまり行われてはいないようにも感じている。その理由は，学校に対して無関心であるからではなく，学校のグランドデザインそのものの存在の意味があまり理解されていないからではないだろうか。

そこで，この学校のグランドデザインをわかりやすく示すことにより，教職員をはじめ子どもたち，さらに，保護者や地域の人たちにも学校の教育活動全体を理解してもらうことが大切となる。

【学校のグランドデザイン】に盛り込む内容としては，次ページの図の中の項目が必要であろう。

そこではまず，学校教育全体を通して重要な［生きる力］の育成に向けて，「確かな学力」,「豊かな心」,「健やかな体」を総合的に位置付けることが求められる。新学習指導要領においても，［生きる力］は重要な教育の目的であり，この内容をトライアングルとして定位することが重要である。

次に，図の最下部のように「安心・安全」と「開かれた学校作り」を示したり，さらに「幼・小・中連携」などを入れたりしてもよい。

学校教育における重要課題は，まず，子どもたちの「安心・安全」を確保することにある。この内容を明示化することで，教職員を含む学校関係者，保護者・地域の人たちの「安心・安全」に対する意識を高めたい。

「開かれた学校作り」は，「社会に開かれた学校」にするために避けて通ることのできない内容である。今日，教育は学校のみに閉ざされたものではなく，家庭・地域と協力しながら社会に開かれたものでなくてはならない。ただ，「開かれた学校作り」といっても，学校からのみ開くのではなく，地域の中で学校が果たす役割と機能とを再確認することも必要である。繰り返しになるが，ここには各学校として育成すべき資質・能力の内容を，学校の実態や実情，地域の現状に合わせて作成することが大切である。

この【学校のグランドデザイン】の中心に「資質・能力の育成」として位置付けられているものが，［生きる力］としての「確かな学力」である。ここには，小学校なら6年生，中学校・高等学校なら3年生という最終学年での目指す子どもたちの姿が書かれることになる。

【学校のグランドデザイン】

「学校教育目標」と「２０○○年度重点目標」に向けて

豊かな人間性	健康・体力

資質・能力の育成

何ができるようになるか ○学校教育の基本	⟷	何が身に付いたか ○学習評価を通じた学習指導の改善

子供の実態	子供の発達をどのように支援するか ○配慮を必要とする子供への指導	目指す子供の姿

何を学ぶか ○教育課程の編成	どのように学ぶか ○教育課程の実施

実施するために何が必要か
○指導体制の充実、家庭・地域との連携・協働

安心・安全を守る	開かれた学校作り

　「資質・能力の育成」に記入する内容は，中教審「28年答申」の第4章「2（1）学習指導要領等の枠組みの見直し」に示されている下記の事項である（p.21）。

① 「何ができるようになるか」（育成を目指す資質・能力）
② 「何を学ぶか」（教科等を学ぶ意義と，教科等間・学校段階間のつながりを踏まえた教育課程の編成）
③ 「どのように学ぶか」（各教科等の指導計画の作成と実施，学習・指導の改善・充実）
④ 「子供一人一人の発達をどのように支援するか」（子供の発達を踏まえた指導）
⑤ 「何が身に付いたか」（学習評価の充実）
⑥ 「実施するために何が必要か」（学習指導要領等の理念を実現するために必要な方策）

　新学習指導要領では，これからの学校教育を通して，次代を生きる子どもたちに，グローバル化した社会の中での［生きる力］を育むことを求めている。そこで，「確かな学力」としてのこれからの時代が求める資質・能力の育成を図るため，学校教育で何をすべきかを【学校のグランドデザイン】に示すことが重要となる。

　【学校のグランドデザイン】として，実際に書き入れたものが，次のページのものである。

【学校のグランドデザイン】

「学校教育目標」と「20〇〇年度重点目標」に向けて

学　校　目　標　：　かがやく目　ひびき合う心　ひろげる力　（自立　共生　発信）
平成 29 年度重点目標　：　めあてをもって続ける子

豊かな人間性	健康・体力
人間尊重教育の充実／他人とともに協調する 挨拶の励行／自然とのふれあい など	運動の奨励 生活習慣の向上 など

資質・能力の育成

何ができるようになるか 〇学校教育の基本	何が身に付いたか 〇学習評価を通じた学習指導の改善
①学習したことや体験したことを生かして、学ぶことができる ②その場の状況に適した対応をし、課題を解決することができる	①相似点や類似点を理解し、何処を生かしたら良いのかが分かっている。 ②予想しなかった場面に出会ったときに、その場面の状況を把握している。

子供の実態	子供の発達をどのように支援するか 〇配慮を必要とする子供への指導	目指す子供の姿
〇与えられた課題に対して意欲が高い。 〇素直に頑張ろうとする。 〇体を動かすことが好き	・相談員、支援等と連携して、子ども一人一人の教育的ニーズを把握し、支援を行う。 ・職員間で情報共有を行い、協働して支援に当たる。	〇自分で判断し、挑戦する子 〇思いやりをもち、高め合う子

何を学ぶか 〇教育課程の編成	どのように学ぶか 〇教育課程の実施
①「聴いて　考えて　つなげる」授業作りを実施 ②　言語能力の育成を図る ③　各教科で身に付けた表現活動を活用する	①「あたたかな聴き方、やさしい話し方」を基盤 ②　ノート作りを通して、語彙を増やす取組 ③　学年間や教科間のつながりを踏まえ活動

実施するために何が必要か
〇指導体制の充実、家庭・地域との連携・協働

〇　校内研修の活動の充実（例：「どのように学ぶか」）

〇　地域との調整、情報の共有（例：地域コーディネーターの設置）

安心・安全を守る	開かれた学校作り
いじめ・体罰の根絶／危機管理の徹底（防災） 教育相談の充実／配慮が必要な児童生徒への対応	学校ホームページの充実／学校運営協議会／地域との連携・行事への参加／コミュニティー・スクール

② 各学年のグランドデザイン

　【学校のグランドデザイン】を作成した後，次に【各学年のグランドデザイン】を作成する。それは，次の図に示される内容である。

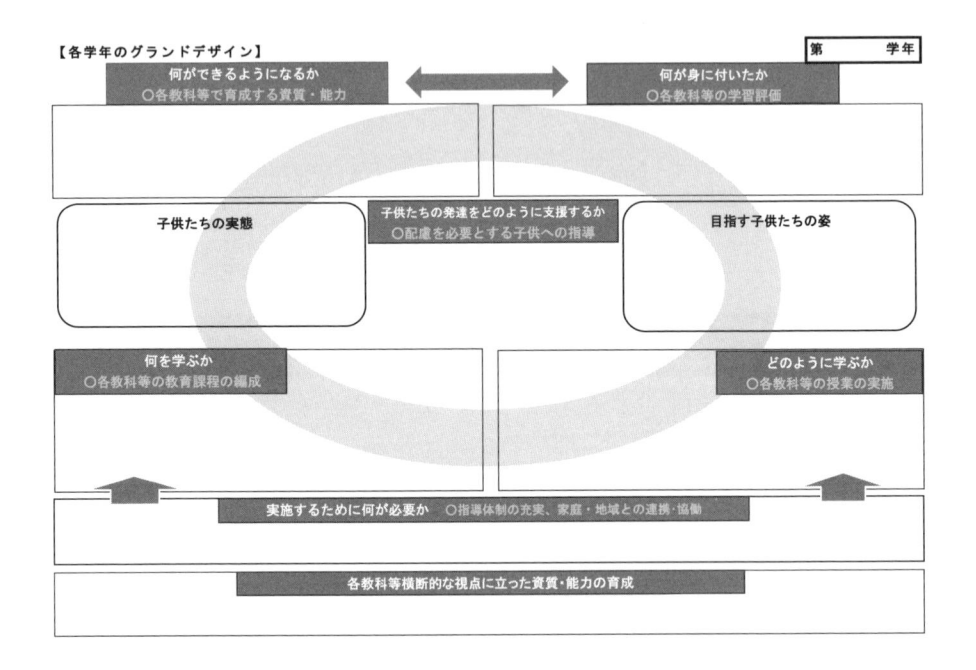

　この各学年のグランドデザインは，その年度それぞれの学年に所属する子どもたちに，どのような資質・能力を育成するかを，年度当初に各学年を構成する教員が相談して作成するものである。

　小学校においては，年間の学年経営計画として作成されることもある。小学校で学年の学級数が複数ある学校では，子どもたちへの指導の中心が，学年単位で行われることが多いのではないだろうか。学年が変わると担任もかわり，前年度と学年の指導方針や指導方法まで変わってしまうことはないだろうか。子どもたちは担任を選ぶことはできない。そして多くの子どもたちが6年間同じ学校に通っている。だからこそ，小学校6年間を通して，同じ教育方針が求められる。

　そこで，【各学年のグランドデザイン】は，4月に教員の学年配属が決まっ

た時点で，各学年で年間の学年経営方針として作成することが求められる。ただし，最上級である6年生のグランドデザインは，学校のグランドデザインの「資質・能力の育成」に示されているものと同じものとなる。

　各学年でグランドデザインを作成したら，次にそれを，1年生から6年生まで横に並べ，各学年間のつながりを検討することが必要となる。時には隣接する学年で指導内容の捉え方に違いが生じたり，学年間で内容の逆転があったりすることがあるかもしれない。横並びにして教職員全員でみることにより，自分の所属する学年のみではなく，学校全体として小学校6年間で子どもたちの資質・能力をいかに育成するかの見通しをもつことができる。

　上記のことは，中学校や高等学校でも同じである。特に，中学校や高等学校においては学年をもち上がることが多い。どうしても学年色が強くなり，学校として生徒の資質・能力の育成を図ることに目が向いていない場合もある。そこで，この各学年のグランドデザインを作成することにより，学校全体で子どもたちを育てることへの視点をもつことが重要となる。

③ 各教科等のグランドデザイン

　各教科等の指導においても，学校ごと，教科ごとにカリキュラムを作成し，それを開示することにより，また，それを教師間で共有することにより，学校全体で子どもたちを育てていくというベクトルを共有することが可能となる。しかし，これまで各学校においては，学校経営計画や学校目標と日々の授業との間に乖離があったのではないだろうか。

　学校目標は学校目標として日々の授業とは別なものとして存在し，その学校目標の実現や具現のために日々の授業を行うことは少なかったのではないだろうか。また逆に，授業は授業として各教科等の内容が指導されるだけで，それが学校目標とどうつながるかを考えた授業は行われていなかったのではないだろうか。

　このことが示すように，学校経営計画や学校目標と日々の授業との間には，大きな隔たりが少なからずあったのではないだろうか。

　そこで，各学校における学校経営計画の実現に向けて，日々行われている

各教科の授業との乖離を埋める必要がでてくる。

　まず，カリキュラム・マネジメントの全体像（本書 140 ページ）に示されている「学校教育を通して育成すべき児童生徒の資質・能力」と「各教科等を通して育成すべき児童生徒の資質・能力」との内容を関連させる視点をもって，学校のグランドデザイン，各学年のグランドデザインの内容をもとにして，各教科等のグランドデザインを作成することが求められる。

　【各教科等のグランドデザイン】は，次ページに示した図のようになる。

　この各教科等のグランドデザインの作成にあたって，小学校では学級担任が全ての教科を教えている場合が多くあり，全てにわたって学級担任が作成するのは負担が大きすぎる。そこで，学校全体として各教科等の経営方策を考える場を設けたり，教科部として作成したりすることにより，学校全体での各教科に対しての意思統一を図ることが求められる。

　また，中学校や高等学校においては，教科担任が各教科の授業を行っており，各教科としてそれぞれの 3 年間の授業内容を系統的に組織・構成することが求められる。

　先にも述べたが，特に中学校と高等学校の各教科においては，各学年や各クラスの授業担当者が授業内容を決めるのではなく，それぞれの学校の生徒に必要な資質・能力の育成を図るため，学校全体として各教科等のグランドデザインを決めることが重要である。

　この各教科等のグランドデザインは，小学校・中学校においては基本的に，学習指導要領に示されている各教科等の「目標」と「内容」とに沿ったものでなくてはならない。それにより，全国各地の小中学校において，どの学校でもそれぞれの学年では，年間の中でほぼ同じ内容の学びが行われることとなる。その学びの内容の規準となるのが，学習指導要領である。そして，それは全国の小中学校の教育の機会均等を保障している。

　一方，高等学校においては各学校の特色や特長を生かすため，学習指導要領の各教科等の「目標」を規準としつつ，各学校の生徒の実態や実情，学校の現状に合わせ，各高等学校において各教科等の「内容」を教育課程として編成することが求められる。

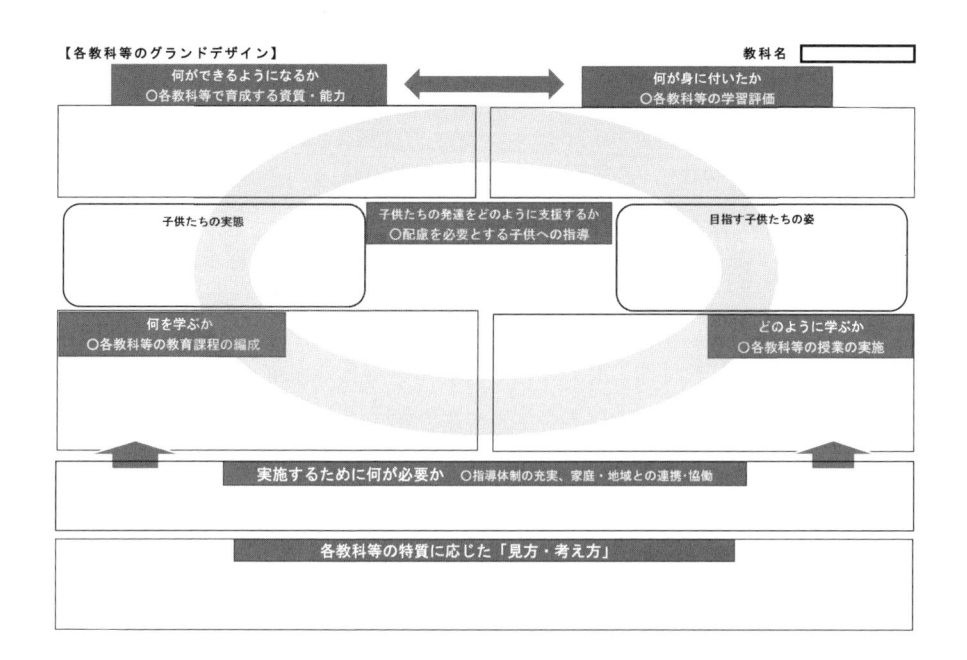

　また，この【各教科等のグランドデザイン】を作成する際には，学習指導要領の「目標」と同時に，「各教科等の特質に応じた『見方・考え方』」が重要となる。「各教科等の特質に応じた『見方・考え方』」は，中教審「28年答申」に次のように示されている（pp.33-34）。

　　○　子供たちは，各教科等における習得・活用・探究という学びの過程において，各教科等で習得した概念（知識）を活用したり，身に付けた思考力を発揮させたりしながら，知識を相互に関連付けてより深く理解したり，情報を精査して考えを形成したり，問題を見いだして解決策を考えたり，思いや考えを基に創造したりすることに向かう。こうした学びを通じて，資質・能力がさらに伸ばされたり，新たな資質・能力が育まれたりしていく。

　　○　その過程においては，"どのような視点で物事を捉え，どのような考え方で思考していくのか"という，物事を捉える視点や考え方も鍛えられて

いく。こうした視点や考え方には，教科等それぞれの学習の特質が表れるところであり，例えば算数・数学科においては，事象を数量や図形及びそれらの関係などに着目して捉え，論理的，統合的・発展的に考えること，国語科においては，対象と言葉，言葉と言葉の関係を，言葉の意味，働き，使い方等に着目して捉え，その関係性を問い直して意味付けることなどと整理できる。

○　こうした各教科等の特質に応じた物事を捉える視点や考え方が「見方・考え方」であり，各教科等の学習の中で働くだけではなく，大人になって生活していくに当たっても重要な働きをするものとなる。私たちが社会生活の中で，データを見ながら考えたり，アイディアを言葉で表現したりする時には，学校教育を通じて身に付けた「数学的な見方・考え方」や，「言葉による見方・考え方」が働いている。各教科等の学びの中で鍛えられた「見方・考え方」を働かせながら，世の中のさまざまな物事を理解し思考し，よりよい社会や自らの人生を創り出していると考えられる。

○　「見方・考え方」を支えているのは，各教科等の学習において身に付けた資質・能力の三つの柱である。各教科等で身に付けた知識・技能を活用したり，思考力・判断力・表現力等や学びに向かう力・人間性等を発揮させたりして，学習の対象となる物事を捉え思考することにより，各教科等の特質に応じた物事を捉える視点や考え方も，豊かで確かなものになっていく。物事を理解するために考えたり，具体的な課題について探究したりするに当たって，思考や探究に必要な道具や手段として資質・能力の三つの柱が活用・発揮され，その過程で鍛えられていくのが「見方・考え方」であるといえよう。

○　前述のとおり，「見方・考え方」には教科等ごとの特質があり，各教科等を学ぶ本質的な意義の中核をなすものとして，教科等の教育と社会をつなぐものである。子供たちが学習や人生において「見方・考え方」を自在に

働かせられるようにすることにこそ，教員の専門性が発揮されることが求められる。

上記に示されている内容から，「各教科等の特質に応じた『見方・考え方』」とは，各教科等の本質を理解した上で，各教科等の特色に沿った教科学力の習得に関わる認識力や思考力と言うことができる。

この「各教科等の特質に応じた『見方・考え方』」については，学習指導要領の各教科の解説編に，教科ごとの詳細が示されている。

小学校において，認識力や思考力の育成は，子どもたちの発達段階を考えて，「各教科等の特質に応じた『見方・考え方』」を意識しつつ指導を行うことが望まれる。

高等学校においては，まさにこの「各教科等の特質に応じた『見方・考え方』」を生かし，高次な認識力や思考力の育成を図ることを各教科等のグランドデザインに具体化し，その実現を図りたい。

④ 各教科等の年間指導計画

各教科等のグランドデザインを作成したら，それをもとに各教科等の年間指導計画を作成する。この年間指導計画は，これまで各教科等で行ってきた，教育課程の編成表の作成と考え方は同様である。各教科等で行う年間の指導と指導時数に合わせ，どのような内容を，いつ，何時間かけて，どのように指導するかを，単元や題材の内容をもとに計画し作成する。

指導計画の作成にあたっては，新学習指導要領の「総則」の「第2　教育課程の編成」3（3）ア（高等学校では「第2款」の3（6）ア）に，「単元や題材など内容や時間のまとまりを見通しながら」（小 p.21，中 p.23，高 p.20）とあるように，一定のまとまりの中で見通しをもった学習指導が求められていることに留意する。したがって，年間指導計画においても，単元や題材のまとまりとして計画を立てることが必要となる。

さらに，新学習指導要領では，これまでの目標に準拠した評価が，観点別学習状況の評価として継続して行われる。観点別学習状況の評価は，これま

での4観点から，「知識・技能」，「思考・判断・表現」，「主体的に学習に取り組む態度」の3観点に変わるため，それに合わせて3観点の評価項目とする。

　ただし，観点別学習状況の評価で示されている三つの観点を，1時間で全て評価することには無理がある。そのため，単元や題材のまとまりごとに指導計画を立て，三つの観点の評価に最も適した時間に配当することを意図的・計画的に考えることが重要となる。

　さらに，「教科等横断的な視点で育成する学習内容」についても，この年間指導計画に位置付けておく必要がある。

　これまでも，各学校においては各教科等で年間指導計画を作成してきている。今後はそれを，カリキュラム・マネジメントの全体の中に位置付けた年間の指導計画として，これまで以上に重視したい。

　【各教科等の年間指導計画】としては，例えば次ページの図のようなものが考えられる。

　これは，一つの例である。各学校においては，(1) 学校のグランドデザイン，(2) 各学年のグランドデザイン，(3) 各教科等のグランドデザインを順次作成し，それに基づいて，(4) 各教科等の年間計画を作成したい。

　また，この各教科等の年間指導計画は，各週ごとに立てている週案を蓄積することによって年間の計画になる。はじめから年間の計画を4月に一度に立てるとなると，大変な労力を有することになる。そこで，毎日の授業が終了した後，少し手間ではあるが，授業の記録を残すことによりその蓄積としての週ごとの授業計画，そして，それを積み重ねることで月ごとの授業計画，さらには，年間の授業計画としてまとめることができる。

　このまとめたものをさらい，検討を加え，次年度に向けてよりよいカリキュラムに仕上げていくことも必要である。

　このような蓄積を行うことを通して授業計画を立てることで，児童生徒の実態をもとにしたカリキュラムが実現できる。このような児童生徒の実態に基づくカリキュラムによって，学習指導要領そのものが，現実に日々行われている学校教育と直接的に結び付いたものとなる。

各教科等の年間指導計画

時期 (月) 週日	単 元・題 材 名	指導 時数	単元・題材で育成する資質・能力 <評 価 規 準> 学習指導要領に示されている「内容」の指導「事項」から，単元の評価規準として適切な指導「事項」を選択して示す。 <学習指導要領からの転記>	評価方法	学 習 活 動	主 な 言 語 活 動	各教科等横断的な資質・能力の育成に関わる他教科等との関連
4 月 週日			① 知識・技能 ② 思考・判断・表現 ③ 主体的に学習に取り組む態度				
4 月 週日			① 知識・技能 ② 思考・判断・表現 ③ 主体的に学習に取り組む態度				
4 月 週日			① 知識・技能 ② 思考・判断・表現 ③ 主体的に学習に取り組む態度				
3 月 週日			① 知識・技能 ② 思考・判断・表現 ③ 主体的に学習に取り組む態度				
指導 時数 の 合計							

4. カリキュラムの作成

©髙木展郎 2019　　153

　このようなカリキュラムに基づくことで，子どもたちの学習状況の評価も実態に即したよりよいものとなるのである。

⑤ 各教科等の単元や題材の指導案

a. 単元や題材のまとまりとしての指導案の意味

　各教科等の年間指導計画が作成されたら，それに基づいて【各教科等の単元や題材の指導案】を作成する。

　目標に準拠した評価における観点別学習状況の評価は，この各教科等の単元や題材の指導案の作成において機能する。

　この指導案の作成には，単元や題材の「評価規準」を設定しなくてはならない。単元や題材の「評価規準」は，学習指導要領の「2内容」の指導「事項」から「知識及び技能」，「思考力・判断力・表現力等」をそのまま引用，転記（コピー＆ペースト）して設定する。このことについては，本書62〜66ページ前述した。

　次に，単元や題材の指導計画の作成を行う。ここでは，単元や題材の指導計画に沿って，何を，いつ，どのように評価を行うかを意図的・計画的に，単元や題材の時間の中に設定することが求められる。

　これまで日本の学校教育における学習指導案は，1時間単位のものが多く用いられてきた。それは明治以来，日本の学校教育で，みせる授業としての研究授業が行われる際に非常に多くの時間を費やして作成されてきた。

　学習指導案は，授業をみる側に1時間の授業の目標や教師の教材観，児童生徒の実態，単元全体の指導計画，そして，最も重視される1時間の授業の流れと指導内容とを示し，それによって，どのような授業が1時間の中で行われるのかを授業参観者が知るために機能してきた。

　世界に誇れる日本の授業・授業研究は，指導案の作成によってよりすぐれたものとなり，指導案によって日本の授業研究が深まったとも言える。

　しかし，新学習指導要領において「育成を目指す資質・能力の三つの柱」が示され，これまでの「学力」の考え方から，学校教育の枠を越え，子どもたちの未来に通じる「資質・能力」の育成が求められる時代になった。そこ

で求める「資質・能力」は，三つの柱に示されている「知識・技能」，「思考力・判断力・表現力等」，「学びに向かう力　人間性等」であり，その育成を図るのは，1時間単位の授業といったスパンでは困難であると言えよう。

そこで，新学習指導要領の総則では，「第3　教育課程の実施と学習評価」（高等学校では「第3款」）の「2　学習評価の充実」(1)に「各教科（・科目）等の目標の実現に向けた学習状況を把握する観点から，単元や題材など内容や時間のまとまりを見通しながら評価の場面や方法を工夫して」（小 p.23，中 p.24，高 p.28）とあるように，1時間単位の学習指導ではなく，単元や題材のスパンの中での指導を求めている。

だからといって，これまで日本の学校教育で行われてきた1時間1時間の授業を軽んじるわけではない。授業は，1時間1時間の積み重ねで年間の指導が成立する。それゆえ，1時間1時間は大切にしながらも，単元や題材を通して，どのような「資質・能力」を育成するかを見通しながら，単元や題材の計画を立てることが必要である。

さらに単元や題材の計画の中では，1時間1時間の単位で，それぞれの時間の評価を必ずしも行う必要はない。それは，単元や題材の全体の中で，観点別学習状況の評価における「身に付けさせたい力」として設定した資質・能力を育成することが適切な時間と，子どもたちが学習活動する時間との関係を配慮し，評価の観点を決めることになるからである。

例えば教師が指導をし「知識・技能」を育成する時間と，子どもたちが活動を通して「思考・判断・表現」をする時間とを，単元や題材というスパンの中で明確に位置付け，単元や題材の中で，何を，いつ，どのようにして学習が行われるかを明示化することが重要となる。

また，この評価の観点は，単元や題材の計画の中に同じ評価の観点として，繰り返して複数回設定することもある。それは，単元や題材で身に付けさせたい「資質・能力」を1回限りの授業で扱うのではなく，繰り返して何度も行うことによって「資質・能力」の定着や育成を図ることにつながる。

さらに新学習指導要領の学習評価では，全ての教科の各単元や題材での評価項目が「知識・技能」，「思考・判断・表現」，「主体的に学習に取り組む態

度」の3観点となる。

　単元や題材の指導案を作成する場合，観点別の3観点の評価内容を，本書64〜66ページで示したような手順で作成する。

　学習評価は，単元や題材の全ての時間で行うのではなく，単元や題材の学習の過程・展開や流れの中で，学習評価が必要な授業時間を明確にした上で，適切に行うことが求められる。

　単元や題材の授業では指導計画と学習評価とが表裏一体のものであり，その指導計画と学習評価との関係を十分考え，整理して学習指導案の作成を行わなくてはならない。

b.　学校として学習指導案を作成・蓄積することの重要性

　これまで学習指導案は，教師一人一人が自分のものとして作成してきた。しかし，学校として各教科等のグランドデザインを作成し，授業づくりをするためには，学習指導案を教師が個人として作成するのではなく，学校として作成することが求められる。

　そのためには，単元や題材の指導計画を教師個人が一人で作成するのではなく，「チーム学校」として協働して作成することが重要となる。そこでは，これまで「学習指導案は，個人で作るもの」と考えてきたことからのパラダイム転換が求められる。

　一つの学校や学年が「チーム」となって，学校内での研修として優れた指導案を蓄積することは，その学校独自の学習指導を行うためにも重要な役割を果たすことになる。それは，それぞれの地域や学校の現状，子どもたちの実態に合った学習指導を行うことが，今日の学校教育に求められているからでもある。

　このように学校全体で学習指導案を作成するにあたっては，学校として指導案を蓄積しておくシステムが必要となる。指導案を一人で毎回作成するのではなく，うまくいった授業やよかった授業の指導案を，学校として保存し，さらにその指導案をよりよくバージョンアップしていく。そして，それをまた蓄積することを繰り返しながら，学習指導案をよりよいものにしていくこ

とを，学校全体で取り組むことが大切である。

　そのことによって，「チーム学校」としてよりよい授業を行い，時代が求める子どもたちの「資質・能力」の育成を図ることができる。

　今日，学校では，教職員の年齢構成が全国的に大きく変わろうとしている。特に，30歳以下の年齢の教員が半数以上を占める都市も出てきている。さらに，退職する教員の数が増え，これまで教員の採用を控えてきた都市も，教員採用者数を増やし始めている。このような教職員の年齢構成が大きく変わろうとしている学校では，これまでのベテラン教員が行ってきた学校文化の伝承も求められるところである。ベテラン教員が行ってきた優れた授業を伝承するためにも学習指導案を蓄積し，優れた授業の継承を図ることも，これからの学校には重要な課題である。

　次に示すのは，単元・題材の学習指導案の枠組みの例である。

　学習指導案は，「このような型式でなくてはならない」ということはない。各学校の児童生徒の実態や実情に合わせて作成するものである。

　この指導案作成にあたって，最も重視しなくてはならないのは，単元や題材を通してどのような資質・能力を育成するかが問われる，ということである。このことはこれまでもいわれてきている「指導と評価の一体化」ということであり，それに向けて単元や題材の授業構成を考えなくてはならない。

＜例１＞

★指導案は，教育課程の編制表に基づいて学校・学年で作成する。したがって，個人名の記入の必要は無い。

○○科　　第○学年　　学習指導案

1　単元・題材名

2　単元・題材で育成する資質・能力＜評価規準＞

学習指導要領に示されている「内容」の指導「事項」から，単元・題材での＜評価規準＞として適切な指導「事項」を選択し，示す。学習指導要領の「2内容」から指導「事項」を転記

知識・技能	思考・判断・表現	主体的に学習に取り組む態度
学習指導要領に示されている〔知識及び技能〕に示されている指導「事項」から，その単元で育成すべき〔知識及び技能〕を選んで転記し，文末を適切に表現する。	学習指導要領に示されている〔思考力，判断力，表現力等〕に示されている指導「事項」から，その単元で育成すべき〔思考力，判断力，表現力等〕を選んで転記し，文末を適切に表現する。	左に引用している学習指導要領の〔知識及び技能〕を主体的に身に付けたり（付けるとともに），〔思考力，判断力，表現力等〕の中から，その単元の重点課題を「〜しようとしている」として示す。

3　単元・題材の指導計画

		評価規準と評価方法	学習活動
第一次	1・2	ここには，3観点の＜評価規準＞を学習指導計画に沿って，それぞれの「次」の学習活動にあわせて，配置する。	学習活動は，全ての時間の主たるもののみを記入する。また，上記3観点の＜評価規準＞に合った学習活動とする。
第二次	3・4・5・6	・この単元や題材の学習の過程の中で行う3観点の＜評価規準＞を取り出して，その評価方法とともに示す。 ・「評価規準」は，単元・題材の＜評価規準＞に基づき，各学習のまとまりで行う評価の規準として示す。	・「学習活動」は，時間ごとに児童生徒が行う具体として示す。 ・学習のまとまりを整理して，単元・題材全体の学習がどのように組織されているかを示す。 ・必ず言語活動を学習活動として取り入れる。
第三次	7・8	・「主体的に学習に取り組む態度」の評価は，その単元や題材での学習を通して育成すべき資質・能力であるので，単元の学習の最終段階で行うことが多くなる。	・言語活動には，記録・要約・説明・論述・話合いの活動を入れる。 ・「振り返り」は，見通しについて行うものであって，そのためには，時間ごとの学習
第四次	9・10	・評価は，1時間のみで行うものだけでなく，数時間にまたがる評価もありうる。	についての見通しを明示することが必要である。そこで，時間ごとの主たる学習活動を示すことが求められる。

＊　これまでの1時間単位の指導案ではなく，単元全体の中にそれぞれの教科等が求めている，「評価の観点」がみえるような指導案が求められる。

<例２>

○○科学習指導案

第　　　学年　　　　科　指導計画　　　　　　　（　　月　　週　　時間）

単元・題材名	

単元・題材で育成する資質・能力＜評価規準＞

知識・技能	思考・判断・表現	主体的に学習に取り組む態度
学習指導要領に示されている〔知識及び技能〕に示されている指導「事項」から，その単元で育成すべき〔知識及び技能〕を選んで転記し，文末を適切に表現する。	学習指導要領に示されている〔思考力，判断力，表現力等〕に示されている指導「事項」から，その単元で育成すべき〔思考力，判断力，表現力等〕を選んで転記し，文末を適切に表現する。	左に引用している学習指導要領の〔知識及び技能〕を主体的に身に付けたり（付けるとともに），〔思考力，判断力，表現力等〕の中から，その単元の重点課題を「〜しようとしている」として示す。

授業計画

		知識・技能	思考・判断・表現	主体的に学習に取り組む態度	学習活動
第一次	1・2・3	○ ………… ○ ………… ○ …………			① ………… ②③ …………
第二次	4・5・6・7・8	○ …………	○ ………… ○ ………… ○ …………		④ ………… ⑤ ………… ⑥⑦ ………… ⑧ …………
第三次	9・10		○ …………	○ …………	⑨ ………… ⑩ …………

＊　これまでの１時間単位の指導案ではなく，単元・題材全体の中にそれぞれの教科等が求めている，「評価の観点」がみえるような指導案が求められる。

<註>
○印の評価規準は，その学習段階で求める＜評価規準＞を具体的な文章で記述する。

＜例３＞

○○科学習指導案

（1）単元・題材名

（2）単元・題材で育成する資質・能力＜評価規準＞
　　　学習指導要領に示されている「内容」の指導「事項」から，単元・題材での
　　　＜評価規準＞として適切な「事項」を選択して転記し，適切な文末表現とする。

知識・技能	思考・判断・表現	主体的に学習に取り組む態度
例） ○○を理解している／○○の知識を身に付けている○○することができる／○○の技能を身に付けている。	例） 各教科の特質に応じ育まれる見方や考え方を用いて探究することを通じて，考えたり判断したり表現しようとしている。	例） 主体的に知識・技能を身に付けたり（身に付けるとともに），思考・判断・表現をしようとしている。

（3）単元・題材の指導と評価の展開

次	時	評価規準と評価方法	学習活動
一	1		①
二	2	＜評価規準＞（知識・技能） ＜評価方法＞	②
	3		③
	4	＜評価規準＞（思考・判断・表現） ＜評価方法＞	④
	5		⑤
三	6		⑥
	7	＜評価規準＞（主体的に学習に取り組む態度） ＜評価方法＞	⑦
	8		⑧

c. 単元や題材の中での「主体的・対話的で深い学び」を行うことの意味

　「主体的・対話的で深い学び」は，カリキュラム・マネジメントとして示された「③『どのように学ぶか』（各教科等の指導計画の作成と実施，学習・指導の改善・充実）」（中教審「28年答申」，p.21）に関わっている。なお，新学習指導要領では，「アクティブ・ラーニング」という用語は用いられていない。

　中教審「28年答申」では，学びの質を高めていくためには，授業改善に向けた取組を活性化していくことが重要であると指摘されている。そのために，これまでの教師主導で子どもたちが受容的であった授業から，子どもたちが能動的に学ぶ授業への転換を求めている。それが「主体的・対話的で深い学び」（「アクティブ・ラーニング」の視点）からの授業改善である。

　しかし，アクティブ・ラーニングという言葉がある意味で「流行」し，単なるグループ学習やペア学習，形式的に対話型を取り入れた授業や特定の指導の型を目指した技術の改善にとどまる例も散見されるようになった。そのため，アクティブ・ラーニングという用語ではなく，「主体的・対話的で深い学び」という言葉を用いることになった。

　アクティブ・ラーニングという用語が注目されたのは，2014（平成26）年11月20日の文部科学大臣の「初等中等教育における教育課程の基準等の在り方について（諮問）」からである。しかし，アクティブ・ラーニングという用語の定義がさまざまあり，また多義的に捉えられる言葉であるため，その内容を明示化することが難しく，告示としてしての新学習指導要領では「主体的・対話的で深い学び」という言葉で定着した。

　「主体的・対話的で深い学び」とは，子どもたちそれぞれの興味や関心をもとに，一人一人の個性に応じた多様で質の高い学びを引き出すことを意図するものである。さらに，それを通してどのような資質・能力を育むかという観点から，学習の在り方そのものの問い直しを目指すことであり，そのための授業改善の視点を共有することが求められている。

　それゆえ，「主体的・対話的で深い学び」は単なる学習形態としてのグループ学習やペア学習を行うことを求めてはいない。あくまで授業改善の視点で

あり，単元や題材における子どもたちの学習を支える指導の考え方である。

　新学習指導要領で「主体的・対話的で深い学び」が取り上げられているのは「総則」の「第3　教育課程の実施と学習評価」（高等学校では「第3款」）である。そこには，以下のように示されている（小 p.22，中 p.23，高 p.28）。

　1　主体的・対話的で深い学びの実現に向けた授業改善
　　　各教科等の指導に当たっては，次の事項に配慮するものとする。
　（1）　第1の3の（1）から（3）までに示すことが偏りなく実現されるよう，単元や題材など内容や時間のまとまりを見通しながら，児童の主体的・対話的で深い学びの実現に向けた授業改善を行うこと。
　　　　特に，各教科等において身に付けた知識及び技能を活用したり，思考力，判断力，表現力等や学びに向かう力，人間性等を発揮させたりして，学習の対象となる物事を捉え思考することにより，各教科等の特質に応じた物事を捉える視点や考え方（以下「見方・考え方」という。）が鍛えられていくことに留意し，児童が各教科等の特質に応じた見方・考え方を働かせながら，知識を相互に関連付けてより深く理解したり，情報を精査して考えを形成したり，問題を見いだして解決策を考えたり，思いや考えを基に創造したりすることに向かう過程を重視した学習の充実を図ること。

　したがって，「主体的・対話的で深い学び」は，授業改善の型ではなく，これからの時代が求める資質・能力の育成に係る授業改善を図る重要な考え方・視点であることを理解したい。

d. 単元や題材における授業過程の中での「主体的・対話的で深い学び」

　「主体的・対話的で深い学び」は，単元や題材の指導計画における授業過程（学習過程）の中に，授業改善の視点を組み込んで行うことを求めている。繰り返しになるが，そこでは，単にグループ学習やペア学習という方法ではなく，一人一人の子どもが「主体的・対話的で深い学び」を行うことを求め

ている。したがって，グループになったりペアになったりしての「対話的な学び」のみが重要なのではなく，学習主体が教室の中で他者と対話することを通し，自己認識を通した深い学びを行うことにこそ意味がある。

　「主体的・対話的で深い学び」について，中教審「28年答申」では以下のように示している（p.49）。

　　○　「主体的・対話的で深い学び」の実現とは，特定の指導方法のことでも，学校教育における教員の意図性を否定することでもない。人間の生涯にわたって続く「学び」という営みの本質を捉えながら，教員が教えることにしっかりと関わり，子供たちに求められる資質・能力を育むために必要な学びの在り方を絶え間なく考え，授業の工夫・改善を重ねていくことである。

　続いて，「主体的・対話的で深い学び」の具体的な内容について，同「答申」では以下のように整理している。（pp.49-50）

　　　　「主体的・対話的で深い学び」の実現とは，以下の視点に立った授業改善を行うことで，学校教育における質の高い学びを実現し，学習内容を深く理解し，資質・能力を身に付け，生涯にわたって能動的（アクティブ）に学び続けるようにすることである。
　　①　学ぶことに興味や関心を持ち，自己のキャリア形成の方向性と関連付けながら，見通しを持って粘り強く取り組み，自己の学習活動を振り返って次につなげる「主体的な学び」が実現できているか。
　　　子供自身が興味を持って積極的に取り組むとともに，学習活動を自ら振り返り意味付けたり，身に付いた資質・能力を自覚したり，共有したりすることが重要である。

　このことは，子どもたちが学びに興味や関心をもって向かうことができるか，今学んでいることから次の学びへつなげていくことができるかが問われ

る。そのためには，子どもたちに見通しをもたせたり，振り返りを行わせたりすることで，身に付いたことをリフレクションを通してメタ認知をさせることが重要となる。

　さらに，「対話的な学び」については，次のような指摘もしている。

> ②　子供同士の協働，教職員や地域の人との対話，先哲の考え方を手掛かりに考えること等を通じ，自己の考えを広げ深める「対話的な学び」が実現できているか。
>
> 　身に付けた知識や技能を定着させるとともに，物事の多面的で深い理解に至るためには，多様な表現を通じて，教職員と子供や，子供同士が対話し，それによって思考を広げ深めていくことが求められる。

　このことは，対話を通して自分の考えと他の人との考えを交流することを通し自己相対化を行い，今ある自分に気付くことができるようになるということである。そこでは，それまでの自分の考えを広げたり深めたりすることを通し，より高次なものにすることが求められる。

　その過程で介在する他者は，直接的に対話を行う相手だけではない。本の作者との対話や歴史上の人物の生き方を相対化することなども対話となる。

　その上で，「深い学び」については，次のように示している。

> ③　習得・活用・探究という学びの過程の中で，各教科等の特質に応じた「見方・考え方」を働かせながら，知識を相互に関連付けてより深く理解したり，情報を精査して考えを形成したり，問題を見いだして解決策を考えたり，思いや考えを基に創造したりすることに向かう「深い学び」が実現できているか。

　ここで示されているように，各教科等の特質に応じた「見方・考え方」により「深い学び」が行われるようになる。この「深い学び」については後述するが，それを行うためには，各教科等の学びの中で習得した知識を活用し

たり，身に付けた思考力を発揮させたりする必要がある。その上で，学びの過程において知識を相互に関連付けてより深く理解し，問題を見いだして解決策を考えるために，物事を捉える視点や考え方を鍛えることが重要となる。したがって，そこには教科の特質が表れる。

このことは，学校での学びだけではなく一般社会に出たときにも必要となる。例えば「数学的な見方・考え方」や「理科的な見方・考え方」を働かせて，仮説を立てたり分析をしたり実験をしたり思考をしたりすること，さらに，「言葉による見方・考え方」を使って相手にわかるように説明をすることができるようになることなどが求められている。

ただし，「見方・考え方」はそれのみでは評価の対象とはならない。子どもたちが授業の中で，このような「見方・考え方」を働かせて思考するように指導することが重要であり，そのためには指導者が各単元や題材の授業の中で，「見方・考え方」を働かせるための「問い」や学習場面をどのように創るかが問われている。

学習評価はこの「見方・考え方」を直接的に対象とはしない。あくまでも，観点別学習状況の評価として設定されている「知識・技能」，「思考・判断・表現」，「主体的に学習に取り組む態度」によって学習評価は行われる。

そのため，「主体的・対話的で深い学び」は，単元や題材のまとまりの学びの過程の中で授業と一体として行われなくてはならない。その授業の中では，「主体的」・「対話的」・「深い学び」の三つが，それぞれに相互のバランスを取りながら行われることが重要となる。

それゆえ，先に述べた，単元や題材全体を見通した学習指導案が求められるのである。

このような学びを通し，各教科等の学びの過程の中で「主体的・対話的で深い学び」が実現されることにより，これからの時代が求める三つの柱として示されている資質・能力の育成が可能になったり，さらにそれを伸ばしたりすることができる。

そのような授業を行うためには，単元や題材の計画を通して，授業設計としての学習指導案の充実がこれまで以上に求められており，それをもとに指

導と評価の一体化を図らなくてはならない。

　単元や題材を通しての学び過程の中で「主体的・対話的で深い学び」を行うには，まず学習主体としての一人一人の子どもが，自分の考えを「わかる」「わからない」を含めて明確にもつことが求められる。ここが，単元や題材の授業の初めとして重要になる。

　子ども一人一人の学びの過程における主体が確立されてこそ，対話的な学びが意味あるものとなる。主体に対する自己相対化の視点の確立が必要になる。この自己相対化は，自己が確立されていてこそ意味のあるものであり，自己認識が行われていない状態では，それを行うことはできない。この自己相対化のためには，例えば，他者との対話，自己との対話，資料との対話，著者との対話等の対話により，自分自身への気付きや自覚，さらにメタ認知を行うことが必要となる。言いかえると，他者の介在を通して，自己をより深く認識するということである。

　このような相補的な関係としての「主体的・対話的」な学びを通して自己を対象化し，リフレクションを通したメタ認知により自己の学習の調整を図り，今ある自分に気付くことが可能となる。それを「深い学び」という。言いかえると，他者の存在のある教室という場の中で自己の学びに気付き，納得解を得て，「腑に落ちる」ことで「深い学び」が成立したと言える。このことは，小学校1年生は，1年生なりに「深い学び」を行うことができるということでもある。

　「主体的・対話的で深い学び」は，「主体的・対話的」な学びを受けて（通して）「深い学び」を実現するために，単元や題材の授業における一連の学習過程の構造を示している。したがって，「深い学び」だけを切り離し，取り出して示すことは，「主体的・対話的で深い学び」として一連の学習過程として示している趣旨に反することになる。「深い学び」には，単元や題材の授業を通して育成する資質・能力の内容が示される。と同時に，単元や題材における学習過程としての学びが有効であるかを検証する視点でもある。

　「深い学び」は，資質・能力としての「知識・技能」「思考力・判断力・表現力等」「学びに向かう力　人間性」が，子どもたちの中に着実に育成さ

れるような学びである。それゆえ、「深い学び」では、単元や題材で育成すべき資質・能力としての「知識・技能」「思考力・判断力・表現力等」「学びに向かう力　人間性」が、授業を通して子どもたちに着実に育成するための資質・能力の内容が示されている。

　この「深い学び」では、単元や題材で育成すべき資質・能力として設定した学習指導要領の「2内容」の指導「事項」である、「知識・技能」「思考・判断・表現」の着実な育成と、それらを受けた指導「事項」にかかわる「主体的に学習に取り組む態度」が育成されているかを学習評価として問うことになる。まさにそれは、「指導と評価の一体化」が、学習評価として具体化されることでもある。

　この「主体的・対話的で深い学び」は、学習過程ではなく、単元の中でそれが繰り返されることで、子どもたちの学びはより充実することになる。

　単元や題材を通してのスパンの長い学習過程を意図的・計画的に組織することは、このような子どもたちの学びを行うために求められるのである。

e.「聴いて　考えて　つなげる」授業の意味

　一人一人の子どもが学ぶということは、「input → intake → output」という学習プロセスを通して、自分が学んだことをリフレクションしてメタ認知できることである。それは、自分が学んだことを振り返り、再構成して吟味し、その学びの内容を認識し、意味付け、自己の学びを自覚する一連の学びの行為である。

　このような学びを、教室という他者が存在する場で、自己相対化を通して行われることに「聴いて　考えて　つなげる」授業の意味がある（拙著『変わる学力、変える授業。』〈三省堂、2015年〉、第Ⅳ部）。

　教室での学びは、一人で行う学びとは異なる。学ぶということは、他者の介在を通して、学び手自身に学んだ内容や学んだことの意味が回帰しなければならない。教室で学ぶということの意味は、そこにある。これは授業を通して自己認識を行うことであり、それによってそれまでの自分と違う自分を認識したり、新たな自分を発見したりするという成長がなくては成立しない。

ただし，それはきわめて緩やかな自己変革である。もちろん，1時間単位の授業で子どもに自己変革を図ることも不可能ではないが，短いスパンの中でそれを求めるには無理もある。それゆえ，授業のスパンを単元や題材として組織・構成することが求められるし，カリキュラム・マネジメントとして，小学校6年間，中学校と高等学校においては3年間のスパンの中での成長を期すことが求められる。

　一人一人の子どもたちに学びが回帰するためには，「聴いて　考えて　つなげる」授業が行われることによって，学校の日々の授業として教室の他者との関わりを重視することが必要となる。

　アクティブ・ラーニングが授業に「流行」のように取り入れられた背景には，それまでの教師の講義一辺倒の授業から，子どもたち同士の互いに交流を通して，それぞれの考えを練り上げ形成する授業への転換を図ろうとしたという側面もある。このこと自体は肯定すべきことではあるが，それが単にグループ活動やペア学習を行えばよいとする風潮が起きてしまったため，「主体的・対話的で深い学び」という用語が用いられるようになった経緯に関しては，前述した。

　子どもたち一人一人が学習の「主体」となり，その主体同士が教室という場で「対話」し，そのことを学びの過程として回帰することを通して「深い学び」を行うことが，学ぶこととして重要となる。

　教室の中で，他者（級友，先生，教材，資料）から「聴く（input）こと」を通し，それを「考えて（intake）」，さらに他者に「つなげる（output）」ことを行う「聴いて　考えて　つなげる」授業は，この「主体的・対話的で深い学び」を教室という場において，一人一人の学び手としての子どもが行う授業である。ただし，「聴いて　考えて　つなげる」授業は，一人一人の子どもが行う学習であるが，そこには必ず他者の介在がある。それは，コミュニケーションであり，双方向性を有する言語活動が機能する場でもある。

　この「聴いて　考えて　つなげる」授業を行う一番の基盤になるのが，「聴く」ことである。それは，各教科等横断的な資質・能力としての汎用的な資質・能力でもある。「聴く」ことにより，他者との対話が成立する。そのた

めには「あたたかな聴き方」が重要となる。さらに，相手に「聴いて」もらうには「やさしい話し方」も重要となる。「あたたかな聴き方」と「やさしい話し方」は，汎用的な資質・能力として表裏一体のものである。

　各教科等の単元や題材の学習指導案を作成するにあたり，単元の授業全体にこの「聴いて　考えて　つなげる」授業の考えを反映することが大切である。

f. 単元や題材での具体的な評価方法

　単元ごとのまとまりで示す学習指導案での具体的な評価について言えば，資質・能力の三つの柱に沿った「知識・技能」，「思考・判断・表現」，「主体的に学習に取り組む態度」という 3 観点で評価していくことになる。その時，3 観点の評価を毎時間行うのではなく，単元を通して評価を蓄積していくということがポイントになる。逆に言えば，丁寧に単元計画を行い，どんな力を，いつ，どういう学びを通して付けるのか，それをいつ，どのように評価するのか，ということを明確にしていくことが必要となる。

　これまでの観点別学習状況の評価では，毎時間，4 観点をバランスよく評価していることもあった。しかし，新学習指導要領では，評価としての三つの観点については何も評価しない時間がある場合もある。例えば単元の授業時間が 10 時間あるとすると，1，2 時間目は三つの観点では何も評価しない，3，4 時間目は「知識・技能」を評価する，5〜7 時間目で「思考・判断・表現」を評価する，9，10 時間目は，「主体的に学習に取り組む態度」を評価する，と考えていけばよいのである。

　評価する時間は，評価する対象としての資質・能力を育成することに重点をおいた時間でもある。このような指導計画を立てていくと，単元全体の授業の中には，三つの観点についてはまったく評価を行うことのない時間があってもよいことになる。

　単元全体で，例えば，単元や題材の授業全体を通してパフォーマンス評価やポートフォリオ等を取り入れて評価する場合もある。パフォーマンス評価では，学習の過程を記録として残しておかなければ評価できなくなる。そこで，ノート等により授業の内容やその記録を残すことにより，思考のプロセ

スがわかるようにすることが必要となる。

　このような評価を行うためには，近年さまざまな学校でよく用いられているワークシートよりも，ノートを授業で用いることが大切である。

　ワークシートでは，思考のプロセスを教師が考えている枠組み内に規定することとなり，子どもたち一人一人の思考をみることは難しくなる。それゆえ，一人一人の子どもの学習状況を見取ることが難しくなる。だからこそ，一人一人の子どもの思考や考え方のプロセスが書かれているノートが重要となる。

　例えば評価方法には，次のようなものがある。

　＜評価方法＞

　　○　音声言語・文字言語により，表現されたもので評価する。

　　　①　観察，点検
　　　　　行動の観察：　学習の中で，評価規準が求めている発言や行動などが行われているかどうかを「観察」する。
　　　　　記述の点検：　学習の中で，評価規準が求めている内容が記述されているかどうかを，机間指導などにより「点検」する。

　　　②　確認
　　　　　行動の確認：　学習の中での発言や行動などの内容が，評価規準を満たしているかどうかを「確認」する。
　　　　　記述の確認：　学習の中で記述された内容が，評価規準を満たしているかどうかを，ノートや提出物などにより「確認」する。

　　　③　分析
　　　　　行動の分析：　「行動の観察」や「行動の確認」を踏まえて「分析」を行うことにより，評価規準に照らして実現状況の高まりを評価する。
　　　　　記述の分析：　「記述の点検」や「記述の確認」を踏まえて，ノートや提出物などの「分析」を行うことにより，評価規準に照らして実現状況の高まりを評価する。

○　パフォーマンス評価

　　学習活動の過程（操作・身体表現等を含む）を，上記「評価方法」等によって評価する。

g.「各教科等における言語活動」の評価の位置付け

　2008（平成20）年版の学習指導要領「総則」では，言語活動の充実を以下のように示している（小 p.16, 中 p.18, 高 p.22, 高等学校は「第5款　5」）。

　第4　指導計画の作成等に当たって配慮すべき事項
　2　以上のほか，次の事項に配慮するものとする。
　　(1)　各教科（・科目）等の指導に当たっては，児童（生徒）の思考力，判断力，表現力等をはぐくむ観点から，基礎的・基本的な知識及び技能の活用を図る学習活動を重視するとともに，言語に対する関心や理解を深め，言語に関する能力の育成を図る上で必要な言語環境を整え，児童（生徒）の言語活動を充実すること。

　ここに示されている言語活動は，各教科等の指導にあたって学力の重要な三つの柱の中の「思考力，判断力，表現力等」を育むために行われる活動であることを示しており，言語活動を行うことそのものが目的ではないことが理解できよう。

　新学習指導要領においても，言語活動は引き続き重視されている。新学習指導要領「総則」「第2　教育課程の編成」（高等学校では「第2款」）には，各教科等横断的な資質・能力の育成について，次のように示している（小 p.19, 中 p.21, 高 p.20）。

　2　教科等横断的な視点に立った資質・能力の育成
　　(1)　各学校においては，児童（生徒）の発達の段階を考慮し，言語能力，情報活用能力（情報モラルを含む。），問題発見・解決能力等の学習の基盤となる資質・能力を育成していくことができるよう，各教科等の特質を

　　　生かし，教科等横断的な視点から教育課程の編成を図るものとする

　上記には，「言語活動」という言葉自体は見受けられないが，国語の教科目標には，国語の資質・能力としての言語能力を育成するためには「言語活動を通して」行うことが示されている。したがって，国語はもとより，言語能力を育成するためには言語活動が重要な役割を担っている。さらに，言語活動は，新学習指導要領の各教科等の指導「事項」にも認められる。

　今回の学習指導要領改訂においては，「各教科等横断的な視点に立った資質・能力の育成」が求められており，その中心に，言語活動を通した言語能力の育成がある。なお，「資質・能力の育成」とあるように，各教科等を横断するのは「資質・能力」であり，各教科の「内容」ではないということに留意したい。

　新学習指導要領では，これまでの言語活動の内容が一部変更され，「記録，要約，説明，論述，話合い」となった。それまでの言語活動として取り上げられていた「記録，要約，説明，論述，討論」の「討論」が「話合い」に変わっている。

　各教科等における言語活動の充実は，国語以外の授業においても行うことが求められており，各教科それぞれに活動として行われるものであることが理解できよう。そのためには，言語活動を各教科等の指導計画に位置付け，授業構成の中に言語活動を配置することが求められる。

　各教科等における言語活動の充実は，各教科等の授業において単に活動を行うことを目的としているのではない。言語活動という活動を通して，資質・能力の育成を図ることがなければ，授業は「活動あって，学びなし」ということになりかねない。

　このことについて，中教審「22年報告」には，以下の指摘がある（pp.15-16）。

　　○　「思考・判断・表現」として，従来の「思考・判断」に「表現」を加えて
　　　　示した趣旨は，この観点に係る学習評価を言語活動を中心とした表現に係る
　　　　活動や児童生徒の作品等と一体的に行うことを明確にするものである。この

ため，この観点を評価するに当たっては，単に文章，表や図に整理して記録するという表面的な現象を評価するものではなく，例えば，自ら取り組む課題を多面的に考察しているか，観察・実験の分析や解釈を通じ規則性を見いだしているかなど，基礎的・基本的な知識・技能を活用しつつ，各教科の内容等に即して思考・判断したことを，記録，要約，説明，論述，討論といった言語活動等を通じて評価するものであることに留意する必要がある。

　上記の内容は，新学習指導要領においても継承されており，各教科等において指導計画を立てるにあたり，観点別学習状況の評価の「思考・判断・表現」の評価を行う時間では，「記録，要約，説明，論述，話合い」といった言語活動を通して評価を行うことが大切である。

⑥「評価規準」と「指導と評価の計画」の作成

　目標に準拠した評価を行うために，評価規準をもとに，単元全体の授業の中で，何を，いつ，どのようにして評価の観点を設定し，実践するかを明確にすることが必要となる。

　指導と評価の一体化の観点から示すと，学習指導案の作成の手順は，次のようになる。

> 育成すべき資質・能力→評価規準→評価方法→学習活動

　育成すべき資質・能力とは，子どもたちに資質・能力として育成したいことであり，それは，学習指導要領の各教科の「目標」と「2内容」とに示された指導「事項」を「B」規準として，各学校における子どもたちの実態や実情に応じて定位する。それが「目標に準拠した評価」の評価規準となる。

　高等学校においては，学習指導要領をもとに，各学校の設置の趣旨，学校目標，生徒の実態や実情に合わせて，各学校ごとに目標・内容を設定する。

　学習指導案作成の折，その内容として入れなくてはならない項目設定の順序は以下のようなる。

＜学習指導案の項目設定の順序＞

①　評価規準（B）を設定する。

② 評価方法を考える。

③ （B）が実現できず，（C）と評価した子どもへの具体的な手だてを考える。

④ 評価方法に即して，学習活動を考える。

上記のような手順を通して，各学校においては「チーム学校」として，カリキュラム・マネジメントに基づく各単元・題材ごとに指導案の作成を行い，それを蓄積し，さらに，年次を経ることでの積み上げを通して，よりよいものにしていくことが求められる。

学習指導案には，一般的に「1. 単元・題材名」「2. 単元・題材で育成する資質・能力＜評価規準＞」「3. 単元・題材の指導計画」が必要となる。

これまでの学習指導案では，単元や題材を通して子どもたちに身に付けさせたい資質・能力を「単元・題材の目標」として設定してきた。しかし今回の学習評価の改訂により，これまで学習指導案に記載してきた「単元・題材の目標」は「単元・題材の評価規準」と重複する内容となるため，指導と評価の一体化の観点からも，単元の目標を含み一つにまとめ「単元・題材で育成する資質・能力＜評価規準＞」として具体の内容を示すことにした（本書62 ～ 64 ページ）。

これまでの学習指導案に示されていた「単元・題材の目標」は，小学校においては教科書にもとづいた教師用指導書や教科書朱書本の「単元・題材の目標」が取り上げられることが多く，必ずしも学習指導要領の指導「事項」をそのまま「単元・題材の目標」に設定するものではなかった。また中学校や高等学校においては，学習指導要領をもとにしつつも教科書の教師用指導書に示された扱い方を含めて，各教科の指導者が「単元・題材の目標」を決めることが多く，その取り上げ方はさまざまである。

このような「単元・題材の目標」の決め方は，研究授業の指導案を作成するだけなら可能である。だが，義務教育においては教育の機会均等という原則や資質・能力の水準の維持という点で，また高等学校においては教える教師によって「単元・題材の目標」が異なってしまうという点で，学校としての資質・能力の育成という面から疑問が残るところである。

　本来「単元・題材の目標」は，学習指導要領に示されている「2内容」の指導「事項」を全ての子どもたちに育成することを基本としている。このように考えると，「単元・題材の目標」を設定するにあたっては学習指導要領の指導「事項」を転記（コピー＆ペースト）すればよいことになるが，そうすると「単元・題材の評価規準」と重複する内容になる。そのため，「単元・題材の目標」を設定せず，「単元・題材で育成する資質・能力＜評価規準＞」として学習指導要領に示されている内容の指導「事項」としての評価規準を示すのみとした。つまり，「単元・題材で育成する資質・能力＜評価規準＞」に記載されている内容が単元の目標となるとともに評価の規準にもなり，それによりこれまで以上に指導と評価の一体化が明確となり，その実現を図れると考えたのである。

　目標に準拠した評価における観点別学習状況の評価では，子どもたちに育成すべき資質・能力を観点ごとに分け，それぞれの観点の趣旨に合致した目標が設定されるようになっている。今回の学習指導要領改訂では，その観点を「知識・技能」，「思考・判断・表現」，「主体的に学習に取り組む態度」の3観点とし，この三つの観点の実現を図るために単元や題材を通した指導が行われる。したがってこの三つの観点が，単元や題材における学習の目標となり，評価の対象となるのである。

⑦ 学習指導計画を「学びのプラン」によって子どもたちに開示する

　授業は誰のために行うかと問われれば，それはまちがいなく子どもたちのためであると答えるだろう。教師は子どもたちの成長に合わせて求められる資質・能力を，授業を通して育成しようとしている。

　子どもたちのために授業を行うとすれば，その授業がどのように行われるかということについて，子どもたちも知っていれば，授業を行うことの意味や意義をより理解できると考える。それは，子どもたちに学びのガイダンスを行うことでもある。

　そこで，これまで教師だけのものであった単元や題材の指導計画と評価方針とを，授業の主体である子どもたちに開示することを提案したい。それを

「学びのプラン」と名付ける。これから授業として学ぶ内容を，あらかじめ子どもたちに開示して説明することにより，子どもたちは，「何のために」，「どのように」学ぶのか，そして，「何を」，「いつ」，「どのように」評価されるのかを事前に知って，単元や題材全体の見通しをもってから授業に臨むことになる。このことは，単元や題材の内容と資質・能力の形成過程に対して，教師が行わなければならない説明責任が伴うということでもある。いわば「学びのインフォームド・コンセント」ということになる。

　「学びのプラン」によって，これまでの学習指導案という教師の視座からの授業づくりから，子どもの視座の授業づくりへの転換を図ることが重要となる。それにより，子どもが主体の授業を行うことが可能となる。

　「学びのプラン」は，その単元や題材で育成する資質・能力の形成的な評価として，子どもたちに学びの内容の形成過程を事前に確認することであり，単元や題材の学びを子どもたちに意図的・意識的に取り組ませる状況をつくることになる。

　このことで，子どもたちは育成されるべき資質・能力と，その育成過程としての授業計画を理解して授業に臨むことになる。この「学びのプラン」で単元や題材の学びを対象化することにより，授業に対する自己認識を深め，子どもたちの自己変革が可能になる。

　このことについて，本書の70ページでも述べているように，中教審「31年報告」には，「(3) 評価の方針等の児童生徒との共有について」の指摘がある。

　事前に評価項目まで含めて授業内容を子どもたちに示してしまうと，「子どもたちが，その評価の重点だけに力を入れないか」という声もあるが，それでもかまわないと考える。子どもたちにその単元や題材で育成すべき資質・能力を身に付けさせることが，授業の本来の目的であるはずだからである。

　その学年で身に付けるべき資質・能力の育成が最終的に図られればよいのである。だからこそ，育成すべき資質・能力に偏りが出ないよう，当初の単元計画や評価計画，さらにはグランドデザインとも連動した学校全体のカリキュラム・マネジメントが重要となる。

　「学びのプラン」の具体例は，次に示したようなものである。

学びのプラン

1. 単元・題材名

2. 身に付けたい資質・能力

単元・題材で育成する<評価規準>を, 児童生徒にわかりやすく, 児童生徒を主語にして, 具体的に示す。

3. この単元で学習すること

月日			身に付けたい資質・能力	学習の内容
第一次	1・2		・この単元・題材の学習の過程の中で, 児童生徒が「身に付けたい資質・能力」として設定した3観点の評価規準を, 児童生徒に「身に付けたい資質・能力」として, 評価方法と共に具体的に示す。 ・この単元で児童生徒に「身に付けたい資質・能力」を, 授業の流れの中で, いつどのように身に付けるか, 学習での流れがわかるように示す。 ・「主体的に学習に取り組む態度」の評価は, その単元での学習を通して育成すべき資質・能力であるので, 単元での学習の最終段階で行うことが多くなる。 ・評価は, 1時間のみで行うものだけでなく, 数時間にまたがる評価もあり得る。 ・評価内容は, 複数回繰り返す場合もある。	・学習の「見通し」は, 単元のはじめに児童生徒に必ず確認する。 ・「学習の内容」は, 時間ごとに児童生徒が行う活動の具体として示す。 ・時間ごとの主たる学習活動を児童生徒の立場から, わかりやすく示す。 ・学習のまとまりを整理して, 単元・題材全体の学習がどのように進むかを, 児童生徒にわかるように示す。 ・言語活動には, 記録・要約・説明・論述・話合いの活動を入れる。 ・「振り返り」は, 「見通し」に対して行うものであり, 「見通し」と対応していることを児童生徒に確認する。
第二次	3・4			
	5・6			
第三次	7・8			
第四次	9・10			

※ 「学びのプラン」によって, 児童生徒に学習の「見通し」をもたせる。

「学びのプラン」は, 学習指導案をもとに, 時間ごとの学習目標・学習内容・評価内容を児童の立場から具体的に示すことにより, 児童に単元全体で, 「何ができるようになるか」, 「何を学ぶか」, 「どのように学ぶか」, 「何が身に付いたか」かを, 具体的にわかるように示すためのものである。

⑧ 自己点検・自己評価，改善の方向性

　カリキュラム・マネジメントは，学校教育の基盤としてそれぞれの学校における教育活動の根幹となる。そしてそれは，学校の主語としての子どもたちの資質・能力の育成を図るためにあることを，再度確認しておきたい。

　ただし，教育という営みは，子どもたちの未来を創るために，子どもたちの未来を志向する大人たち（教師たち）が，未来に必要な資質・能力を想像・予想し育成するための意図的・計画的な営みでもある。この営みを子どもの視点から考えるという理由で子ども任せにすることは，子どもたちに対して理解のある大人のふりをしつつ，その未来に責任を取らないということにもなりかねない。さらに，大人たち（教師たち）が自分のこれまでの教育の原体験に依拠し，これまでの教育の在り方に固執し，子どもたちの未来を創ることを考えたり教育を前に進めようとしたりしないことも，大人（教師）として子どもたちの未来に対しての責任を果たしているとは言えない。

　教育を未来に向けて前進させるためには，常に今日の教育の在り方を認識し，それをいかによりよく変えていくかという視点が必要である。それなくしては，子どもたちの未来に向けてよりよい教育を創造することはできない。そのためにも，学校として毎年作成するカリキュラム・マネジメントの自己点検・自己評価が重要となる。

　文部科学省「学校評価ガイドライン〔平成 28 年改訂〕」（2016〈平成 28〉年 3 月 22 日）には，学校評価の理念や考え方やその具体的な内容が示されている。

　そこでも述べられているが，カリキュラム・マネジメントに対して各学校が自己点検・自己評価を行い，次年度に向けての改善を行うことが示されている。

　今日，学校評価はほぼ全ての学校で行われている。学校評価の中核は学校の自己評価であり，それを検証するために学校関係者評価や学校運営協議会において，その年次に行われた学校の諸活動に対して，学校外の委員から学校の意見を聴取することが行われている。また，子どもたちや保護者へのアンケートを行い，その結果をもとに自己点検・自己評価が行われることも多

くある。

　各学校における自己評価では，年度当初に立てたカリキュラム・マネジメントに対する自己点検・自己評価を行うことが重要となる。それを行うためには，

　①　【各教科等のグランドデザイン】の評価

　②　【各学年のグランドデザイン】の評価

　③　【学校のグランドデザイン】の評価

の各評価が求められる。

　学校の自己点検・自己評価を行うには，カリキュラム・マネジメントとして年度当初に立てた内容を，カリキュラム・マネジメントの手順に沿ってさかのぼることにより，学校全体として最も重要となる【学校のグランドデザイン】の評価を行うことが必要である。

a. 各教科等のグランドデザインの評価

　【各教科等のグランドデザイン】は，小学校では，学校全体や教科部でそれぞれの教科の作成が行われる。しかし，先にも述べたが，小学校では一人の担任が全てを作成するには負担が大きすぎるため，特定の教科に絞ることも可能である。

　中学校と高等学校においては，教科担任制であるので全ての教科で作成することが求められる。各教科においては，それぞれの教科で，中学校と高等学校の3年間を通してどのような資質・能力を育成するか，そのために，各年度でどのような資質・能力を育成するかを，学校全体で意思統一する必要がある。

　何度も述べているが，子どもは教科担任を選ぶことはできない。高等学校では，学校は選ぶことはできても，そこで教科を習う教師を選ぶことはできない。だからこそ，各学校において，教科としてどのような資質・能力を育成するかを，教科担当が理解した上で授業を行わなくてはならない。そのためには，各教科等のグランドデザインがなくてはならない。

　そして，各教科等で行っている日々の授業に対して，自己点検・自己評価

を行うことが重要となる。そこで各教科等のグランドデザインに，その年度の【成果】と【課題】を記入することで，その年度の各教科等で行った授業に対しての自己点検・自己評価を行うことが求められる。

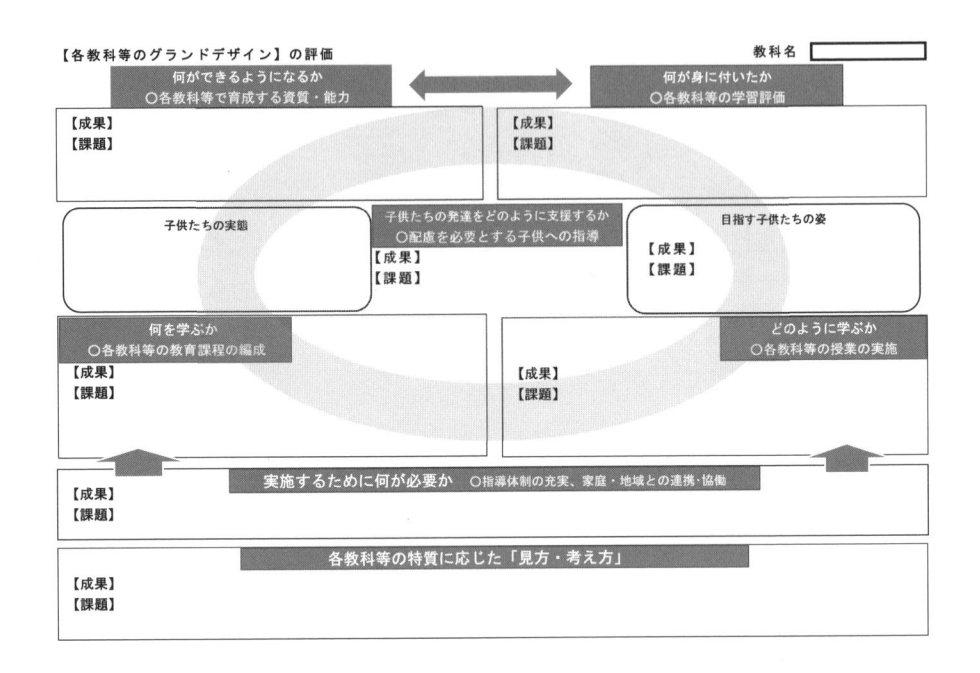

b. 各学年のグランドデザインの評価

　小学校では，この【各学年のグランドデザイン】の自己点検・自己評価が重要となる。

　小学校においては，学年単位でさまざまな教育活動が日常的に行われることが多い。そのため，小学校6年間を通して子どもたちの資質・能力の育成を図ることには，若干弱い面も見受けられる。そこでそれぞれの小学校が，6年間を通して子どもたちを育成する視点をもつためには，この各学年のグランドデザインを，1年生から6年生まで横に並べて比較することで，学校全体の6年間の系統性を確認したい。

　また，中学校や高等学校では，各学年団によって年間のさまざまな指導が

行われることが多い。そこで，各学年間の疎通を図り，各学校において3年間での生徒の育成を図るためにも，この各学年のグランドデザインを用い，3年間で育成すべき資質・能力の内容を学校全体で掌握し，共有することが求められる。

　このグランドデザインに【成果】と【課題】を記入することで，各学年として，年間でどのような資質・能力の成果が図られたか，そして，その育成した資質・能力を次年度どのように継承・発展を図るかもみえてくる。

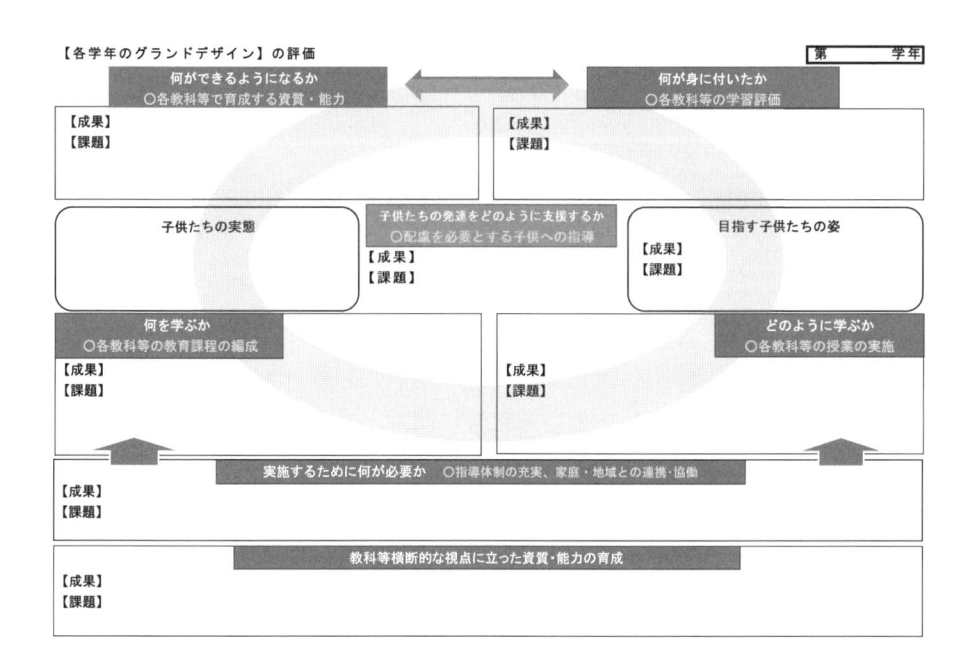

c. 学校のグランドデザインの評価

　各教科等のグランドデザインと各学年のグランドデザインの記入を通して，その年度のそれぞれの教科と学年の自己点検・自己評価とを，成果と課題の評価として行うことを確認した。

　この教科と学年の自己点検・自己評価をもとに，【学校のグランドデザイン】の評価を通して，その年度の学校全体の自己点検・自己評価を行うこ

とになる。

　学校のグランドデザインは，学校としてのカリキュラム・マネジメントの全体として，とりわけ重要である。カリキュラム・マネジメントは学校教育の教育活動全体を対象として，特に，子どもたちの資質・能力の育成のためにPDCAサイクルを行い，その年度の教育内容の自己点検・自己評価を通し，各学校の教育内容をよりよくしていくことにつながる。

　この自己点検・自己評価を通した学校のグランドデザインの評価は，その年度のそれぞれの学校の教育内容のリフレクションとメタ認知とを行うために重要となる。それは，学校の管理職や教職員のためだけではなく，子どもたちや保護者，地域とともに，学校をよりよくしていくために行うものである。

　学校が閉ざされることなく「社会に開かれた教育課程」となるためには，各学校の教育の内実を，学校のみではなく社会と共有することが重要となる。そのためには，共有するための資料を社会に示すことが求められる。

　学校のグランドデザインの評価は，各学校の教育の内実をカリキュラム・マネジメントとして開示し，各学校の自己点検・自己評価を通して次年度のカリキュラム・マネジメントを行うために重要となる。

　教職員が行う学校のグランドデザインの評価は，次ページの学校評価用に【成果】と【課題】とに分けて記入する。

　子どもたちに対しての評価と同様に，これまでのEvaluationという意味での評価ではなく，Assessmentとしての学校評価の考え方がそこにはある。

　また，学校のグランドデザインの評価は，教職員のみでなく，子どもたちや保護者にも求められることが多い。「学校評価ガイドライン」にも，アンケート等によってそれを行うことが示されている。しかし，アンケートによる学校評価は，ともすると学校が求める評価とは乖離し，学校に対する要望であったり，一般的な学校像から学校に対する意見であったりすることがある。それでは各学校の実態や実情に合った学校評価にはならないし，各学校が次年度に向けて改善するための根拠や資料にもならない。そこで，当該年度に学校が行う教育内容が示されている学校のグランドデザインに書かれている内

【学校のグランドデザイン】学校評価用

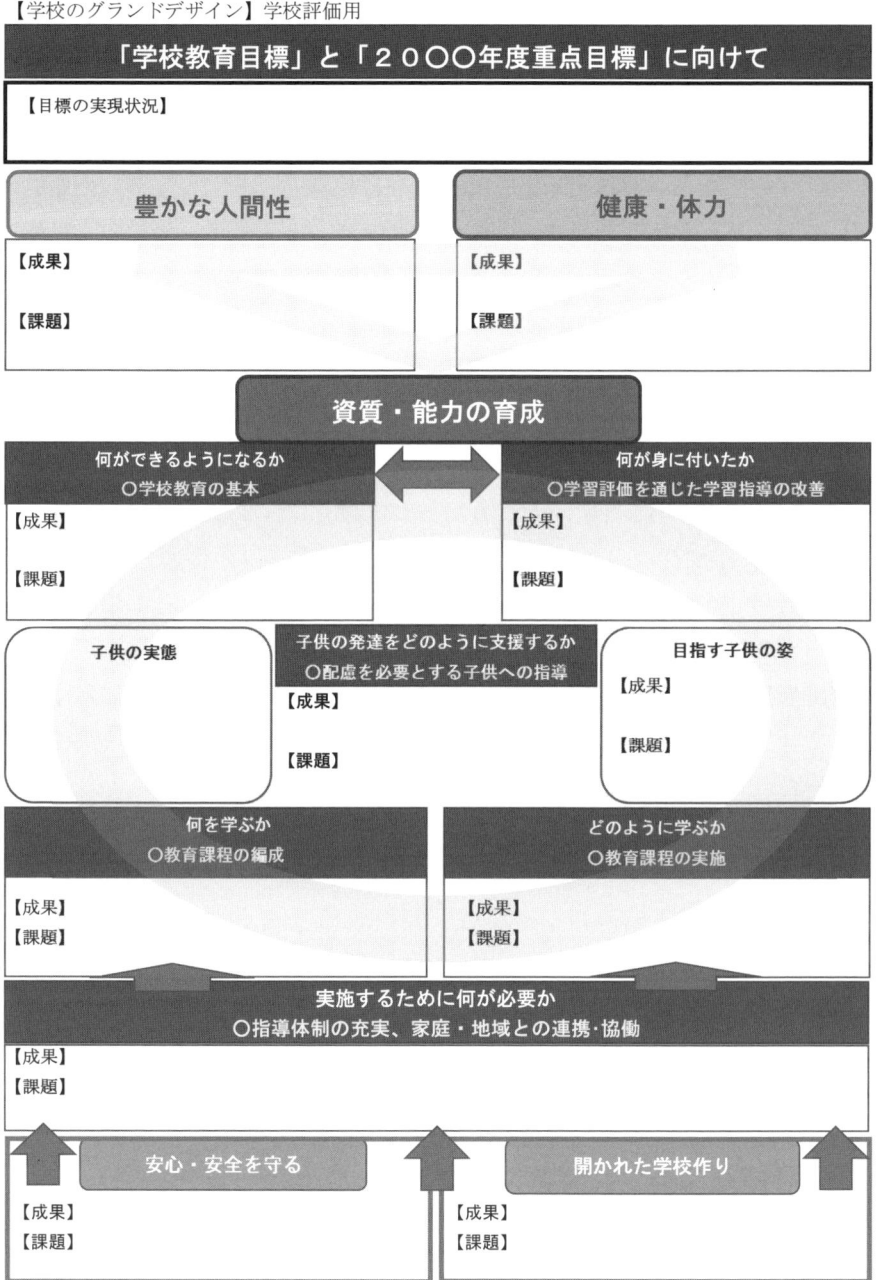

「学校教育目標」と「２０○○年度重点目標」に向けて

【目標の実現状況】

豊かな人間性

【成果】

【課題】

健康・体力

【成果】

【課題】

資質・能力の育成

何ができるようになるか
○学校教育の基本

【成果】

【課題】

何が身に付いたか
○学習評価を通じた学習指導の改善

【成果】

【課題】

子供の実態

子供の発達をどのように支援するか
○配慮を必要とする子供への指導

【成果】

【課題】

目指す子供の姿

【成果】

【課題】

何を学ぶか
○教育課程の編成

【成果】
【課題】

どのように学ぶか
○教育課程の実施

【成果】
【課題】

実施するために何が必要か
○指導体制の充実、家庭・地域との連携・協働

【成果】
【課題】

安心・安全を守る

【成果】
【課題】

開かれた学校作り

【成果】
【課題】

容をもとに，学校評価を子どもたちや保護者，地域に求めることが有効となる。

　前ページの「【学校のグランドデザイン】学校評価用」に，直接記入を求めることも可能である。そのためには，年度初めの 4 月にあらかじめ，学校のグランドデザインを学校のホームページに掲載したり，各家庭に配布したりしておくことが必要となる。この学校のグランドデザインの内容を理解していなくては，それぞれの学校が行っている教育活動に対してきちんとした学校評価を行うことは難しい。

　学校のグランドデザインをもとに，学校評価を子どもたちと保護者とに行った事例が，次ページのものである。

　以下に示す学校のグランドデザインの評価は，神奈川県平塚市立中原小学校が，2018 年度の 12 月に，子どもたちと保護者に行った事例である。

　ここでは，年度初めの 4 月に各家庭に配布した学校のグランドデザインに，学校評価としてのアンケート項目を①〜⑬まで番号を付し，その項目についてマークシートとして回答を求めたものである。

　保護者用と子どもたち用の自己点検・自己評価用のものを参考に示す。

【平塚市立中原小学校　2018 年度グランドデザイン】　　　2018 年 4 月 9 日版

チーム中原 2018「学校教育目標」と「2018 年度重点目標」に向けて

〇はアンケート
項目の番号です

学校教育目標　「豊かな人間性の育成を目指して」
2018 年度重点目標　「あいさつ・そうじ・学び合い」

2　豊かな心　（なかよし）
　　＜互いがわかり認め合える子＞

行動目標:「**進んであいさつをしよう！**」
・「特別の教科　道徳」を要とした豊かな心、
　いのちを大切にする心の涵養
・体験活動を通した創造性の涵養

3　健やかな体　（いきいき）
　　＜健康な体でがんばりぬく子＞

行動目標:「**一生懸命そうじをしよう！**」
・運動を通した体力の向上
・安全に関する指導の充実
・そうじを通した心身の調和的な発達

4　資質・能力の育成　（ぐんぐん）
　　＜自分の考えをもち、問題を解決する子＞
行動目標:「**自分の考えをもち、学び合おう！**」

5　何ができるようになるか
　　〇学校教育の基本

①学習したことや体験したことを生かして学ぶこ
　とができる。
②変化に積極的に向き合い、主体的に判断し、課題
　解決することができる。
③多様な考えを受け入れ、協働的に学び、自分の考
　えをよりよくすることができる。

6　何が身に付いたか
　　〇学習評価を通じた学習指導の改善

①学習したことや体験したことと学習活動等とを比べたりつな
　げたりしている。
②状況が変化しても、主体的に判断し、課題解決の方法を見出
　している。
③自分の考えをもち、学び合うことを通して、自分の考えを広
　げたり深めたりしている。

子どもの実態

・あいさつを返せるが、進ん
　までには至っていない。
・よく体を動かす子とそうでない子
　の差が激しい。
・そうじに一生懸命取り組むように
　なってきつつある。
・与えられた課題に対して、素直に
　がんばろうとするが、自ら考え行
　動することは難しい。

7　子どもの発達をどのように支援するか
　　〇配慮を必要とする子どもへの指導

〇**個に応じたきめ細やかな指導**
・サンサンスタッフ、介助員、ＳＣ等と連
　携し、一人一人の教育的ニーズを把握し、
　支援する。
〇**チーム対応「みんなでみんなを育てよう」**
・職員間の情報共有及び外部機関との連携
　により、チームで支援する。

目指す子どもの姿

〇**互いがわかり認め合える子**
・進んであいさつができる。
〇**健康な体でがんばり抜く子**
・一生懸命そうじをする。
〇**自分の考えをもち、問題を解
　決する子**
・自分の考えをもち、学び合う。

8　何を学ぶか
　　〇教育課程の編成

①教育活動全体を通じた「聴いて　考えて　つなげる」の
　実施。
②言語能力の育成。
③1 年生から 6 年生までの 6 年間を見通した授業づくり。
④家庭と連携した学習習慣の確立。

9　どのように学ぶか
　　〇教育課程の実施

①「あたたかい聴き方やさしい話し方」を基盤とした活動。
②自分の考えのあしあとがわかる「ノート」づくり。
　自主学習ノート等を活用した学習の習慣づけ。
③「学びのプラン」作成による「単元を通してつけたい力」
　の明確化。

10・11　実施するために何が必要か
　　〇指導体制の充実、家庭・地域との連携・協働

〇学校研究及び校内研修の充実　　〇迅速かつ適切な初期対応及びチーム対応　　〇いじめ、不登校を生まない学年、学級経営
〇教育相談コーディネーターを核としたＳＣ，ＳＳＷ．支援チーム等との連携　　〇家庭、地域との情報共有及び連携・協働
〇学びの連続性を意識した幼小中の連携　　　　〇子どもと向き合う時間の確保

12　安心・安全を守る

・教育活動全般における万全の安全対策
・自分の命は自分で守る子どもの育成（安全教育・防災教育）
・認め合い、安心して過ごせる教室、学校（人権尊重）

13　開かれた学校作り

・地域の人材、教材を生かした学校づくり
・分かち合い、話し合い、情報を共有できる環境
・学校便り、学年・学級便り等による積極的な情報発信

学校づくりアンケート（保護者用）〜よりよい中原小学校をめざして〜

子どもたちの学校生活をより楽しく充実したものにするため、学校の教育活動や組織について保護者の皆様のご意見をいただき、学校改善の資料にします。
【2018 年度グランドデザイン】をあわせ見て、お子さんの様子からお答えください。

A→そう思う　B→少しそう思う　C→あまり思わない　D→思わない
E→分からない　（できるだけ A〜D でお答えください。どうしても分からない場合のみ E に〇）

	評価項目	A	B	C	D	E
1	子どもは楽しく学校に通っている。	〇	〇	〇	〇	〇
2	【なかよし（豊かな心）】学校教育目標の「互いがわかり認め合える子」が育っている。	〇	〇	〇	〇	〇
3	【いきいき（健やかな体）】学校教育目標の「健康な体でがんばりぬく子」が育っている。	〇	〇	〇	〇	〇
4	【ぐんぐん（資質・能力の育成）】学校教育目標の「自分の考えをもち、問題を解決する子」が育っている。	〇	〇	〇	〇	〇
5	子どもは、学習したことや体験したことを生かしながら学んでいる。	〇	〇	〇	〇	〇
6	通知表や、テスト、プリント、ノートなどを通して、子どもの学習の達成状況がわかる。	〇	〇	〇	〇	〇
7	子どもの発達に応じて、個に応じた指導やチーム対応等の支援が行われている。	〇	〇	〇	〇	〇
8	子どもは、家庭学習（自主学習、読書、宿題等）の習慣が身に付いている。	〇	〇	〇	〇	〇
9	子どもは、授業中、先生や友だちの話を聴いたり自分の考えを述べたりしている。	〇	〇	〇	〇	〇
10	【中原小学校いじめ防止基本方針】に基づき、いじめや不登校の防止・対応をしている。	〇	〇	〇	〇	〇
11	学校は、保護者や地域の人の願いや考えを聞きながら連携・協力をしている。	〇	〇	〇	〇	〇
12	学校は、安全教育・防災教育・人権尊重等により、安心・安全を守ることに努めている。	〇	〇	〇	〇	〇
13	学校は、学校・学年・学級だよりを発信して、学校生活の様子を伝えている。	〇	〇	〇	〇	〇

1　2　3　4　5　6　学年　　（お子様の学年を〇で囲んでください。）

保護者氏名（　　　　　　　　　　　　　　　　　　　　）

ご感想・ご意見・ご要望欄(C・D評価の項目には理由や改善案を、また、良かった面も記入していただけると幸いです。)

学校づくりアンケート（児童用）～よりよい中原小学校をめざして～

> このアンケートは、児童のみなさんの学校生活をよりよく楽しいものにするため、学校生活や学習について、みなさんから意見をもらうためのものです。

〇該当する〇をえんぴつでぬりつぶしましょう。

A→そう思う　B→少しそう思う　C→あまり思わない　D→思わない

	評価項目	A	B	C	D
1	学校生活は、楽しいですか。	〇	〇	〇	〇
2	【なかよし】友だちや先生、地域の方に自分からあいさつをしていますか。	〇	〇	〇	〇
3	【いきいき】一生懸命にそうじをしていますか。	〇	〇	〇	〇
4	【ぐんぐん】授業中は、自分の考えをもち、学び合おうとしていますか。	〇	〇	〇	〇
5	学習したことや体験したことを生かしながら学んでいますか。	〇	〇	〇	〇
6	わからないことをそのままにせず、声に出していますか。	〇	〇	〇	〇
7	学校に、困ったことや悲しいことを相談できる人はいますか。	〇	〇	〇	〇
8	「聴いて　考えて　つなげる」学習ができていますか。	〇	〇	〇	〇
9	「あたたかい聴き方、やさしい話し方」ができていますか。	〇	〇	〇	〇
10	いじめを見たりされたりした場合は、先生や家の人に相談しようと思いますか。	〇	〇	〇	〇
11	先生はいろいろな話を聞いてくれますか。	〇	〇	〇	〇
12	地震や津波、火災等の避難訓練では、自分で考えて行動できましたか。	〇	〇	〇	〇
13	家の人に、学校でのできごとを話していますか。	〇	〇	〇	〇

1　2　3　4　5　6　学年　　　自分の学年に〇をつけてください。

名前（　　　　　　　　　　　　　　　　　　）

評価によって子どもを育てる

1. 評価に関する考え方の転換

① Assessment としての評価

　これからの時代が求める「資質・能力」の育成のためには，これまで行ってきた「学力」の育成からのパラダイム転換が必要である。時代は大きく変わろうとしており，そこで求められる資質・能力も変わろうとしている。それゆえ，時代が求める資質・能力の育成のために，評価に関する考え方の転換も求められる。それは，これまでの学校教育が育成してきた学力の方向性がまちがっていたからではなく，これからの時代を創造するための資質・能力の育成を，学校教育がいかに図るかに深く関わっている。

　これまでは，学校での各教科等の授業を通していかに学力が育成されたのかを評価してきた。しかし，これからの時代が求める資質・能力の育成には，この評価という言葉がもつ概念を，これまでのものと大きく転換しなくてはならない状況になっているのである。

　では，それをどのように変えたらよいのか。それは Assessment としての評価に既に示されており，これまでの評価観を Assessment の評価に変えることで実現が可能となる。

② これまでの評価に対しての考え方

　これまで評価というと，指導者が学び手に対して行うものとして捉えられてきた面が強い。ここまでにも述べてきているように，これまで学校教育で育成してきた学力という概念が，新学習指導要領では資質・能力に転換している。このような教育状況と教育内容の変化に合わせて，評価に対しての考え方を転換することが重要となっている。

　これまで評価は，Evaluation として，指導者が学び手を「値踏みする」という意味で行われることがほとんどであった。そこでは，評価は成績表や通知表，「あゆみ」として学校（教師）から渡されたり，テストの結果として点数で示されたりしてきた。

　このことが本当に評価であるのかどうかを，再考しなくてはならない時代

を迎えている。

　明治の学制以来，日本の教育では，知識の習得とその再生とを学力としてきた。明治期においては，西欧先進諸国の学問や技術を移入することが大きな命題・課題であり，そのための教育システムとして学校教育が機能してきた。

　また，戦後教育においては，高度経済成長期における受験学力が学力として定位し，そこでの学力もまた知識の習得とその再生に大きくよっていたことは否めない。

　このように，明治以降の近代日本の教育における評価観は，知識の習得とその再生という枠組みの中だけで培われてきている。そこでの学力の育成は，「教師が教え，子どもたちが学ぶ」という機構としてのものであり，そこには，主体としての学び手の存在はあまりなかったと言えよう。

　新学習指導要領においては，その機構を根源的に変えるため，「主体的・対話的で深い学び」の実現に向けた授業改善の視点を入れ，さらに，各教科での深い学びを行うために，各教科等の特質に応じた物事を捉える視点・考え方としての「見方・考え方」を重視する授業作りを求めている。

　このことは，2001（平成 13）年の観点別学習状況の評価の導入以降，学校教育に求められてきた「指導と評価の一体化」の考え方をより重視する方向として示されたと言える。

③「指導」ということの意識改革

　明治以降の近代日本の学校教育においては，教師は教える人，子どもたちは学ぶ人という構造のもとに授業が行われてきた。本来，学校の主語は子どもたちであり，学校は子どもたちのためにあることを再認識することが，今日求められている。

　これまでの日本の学校教育は，国際学力調査としての PISA や TIMSS によって，世界の中でも優れた学力を育てていることは証明されている。しかし，特に PISA 調査では，「思考力・判断力・表現力等」に問題があり，自分の言葉で表現することに課題があることも指摘されている。

　この国際学力調査からみても，今日の日本の学校教育での指導内容は，明治以降の日本の学校教育で行ってきた知識の習得と習熟，その再生という枠組みから転換ができていない状況が認められる。その理由は，日本の学校教育の現状が，ある意味で明治からの教育を引き継ぎ，知識の習得と習熟，再生をもって，いまだに学力としているからでもある。

　この現状は，大学入試を頂点とした知識の習得とその再生という入試における学力が，学校教育で育成すべき学力として社会一般でも定着していることから理解できよう。「入学試験があるから，日々の授業を変えることはできない。」という発言は，その典型である。

　学力とは何かという定義は，その時代が求める中で変化するものであり，それぞれの時代の中での学力を定義することはできるが，普遍的な学力というものはないということを認識しておかなくてはならない。

　にもかかわらず，これまでの日本の学校教育においては，いわゆる受験学力が学力としての意味をもってきてしまった。そして，その学力観は根強いものがある。

　新学習指導要領に伴う指導要録の改訂において，これまでの各教科の観点別学習状況の評価を総括した数値を示す評定が残り，目標に準拠した観点別学習状況の評価への転換を図ることができなかった。これからの時代が求める資質・能力の育成を図るための評価観への転換は見送られたのである。

　このような状況は，今日の学校教育においても，知識の習得とその再生としての学力観が厳然として位置付いていることにも見て取れる。問題は，この学力観からの転換をいかに図るかにある。そのことが，新学習指導要領の趣旨を生かした次代の学力観，これからの時代が求める資質・能力の育成を図ることにつながる。

　そこで，繰り返し述べることになるが，次代が求める学力としての資質・能力の育成には，これまでの日本の学校教育で行われてきた「授業」と「評価観」とではきわめて難しいことがわかってきた。

　2014（平成26）年11月20日に文部科学大臣が出した「初等中等教育における教育課程の基準等の在り方について（諮問）」の中で以下のような指

摘がされた。

　　「何を教えるか」という知識の質や量の改善はもちろんのこと，「どのように
　学ぶか」という，学びの質や深まりを重視することが必要であり，課題の発
　見と解決に向けて主体的・協働的に学ぶ学習（いわゆる「アクティブ・ラー
　ニング」）や，そのための指導の方法等を充実させていく必要があります。

　この諮問によって，アクティブ・ラーニングという用語が，一時，一世を
風靡した。しかし，さまざまな考えのアクティブ・ラーニングや，単なるグ
ループ活動やペア学習までもが全てアクティブ・ラーニングといわれ，その
用語の示す学力の方向性が不明確であったり不適切であったりしたため，新
学習指導要領では用語としての使用は見送られた。

　しかし，授業として求める「主体的・対話的で深い学び」を行うことは，
新学習指導要領においても引き続き重視されている。

　この「主体的・対話的で深い学び」の主語は子どもたちであり，新学習指
導要領における授業の主体が子どもたちにあることが，ここに見て取れる。

　振り返ってみて，これまでの授業は真に子どもたちが主体であっただろう
か。そこに，これまでの日本の学校教育の課題が認められる。ネガティブな
見方になるが，これまで，以下のような発言を教師はしていなかっただろう
か。

　「いくら教えても，理解しようとしない。理解できない。」

　「学ぶ意欲がない。」

　「平均点が低い。」

　これらは，教師として一生懸命授業を行い，指導をしているにもかかわら
ず，子どもたちがそれに応えてくれていない状況だという，教師の側からみ
た発言となっている。

　ここにある主語を，教師から子どもたちに転換してみることにより，その
原因となるものがみえてくるのではないだろうか。

　子どもたちは「なぜ，理解しようとしない。理解できない。」のだろうか。

「なぜ, 学ぶ意欲がない。」のだろうか。「なぜ, 平均点が低い。」のだろうか。そこに, 教師が気付き, 授業改善を図ることが大切である。

　学校は本来, 知らないことを知ったり, わからないことがわかるようになったり, できないことができるようになったりする場でなくてはならない。教師が問いを子どもたちに出して, すぐに「わかる人」と聞いたり, 指名して答えを求めたりすることが, これまでの学校ではよく行われてきたが, 考えてみるとそれは順番が違うのではないだろうか。何も教えていないのに答えを求めたり, 初めて出合う課題や問題についてすぐに理解させたりすることには無理がある。授業を通して課題や問題について理解したり, 考えたりすることが本来の姿ではないだろうか。

　学校は, 授業を通して子どもたちが成長する場であることを再確認したい。教師の指導を通して, 子どもたちは資質や能力を伸ばしていくのであり, 初めからそれをもっているわけではない。だからこそ, 教師の指導が重要となる。

　しかしながら, 子どもたちの資質・能力の現状を理解したり知ったりすることなく, 一方的に教師の思いによってのみ授業を行えば, 子どもたちの実態や子どもたちの「わかりたい」という気持ちとは乖離した授業となってしまう。その結果, 教師の思いや願いが実現することなく, 教師が求める子どもたちの姿ではない状況が出現し, それに対して先に述べたような言葉が発せられてしまうのではないだろうか。

　このような教師の言葉は教師にとっても不幸であるし, 子どもたちにとってはさらに不幸である。このような教室での授業の状況を変えるためには, まず, 子どもたちに向き合う教師の姿勢と構えを変えることが大切である。

　子どもたち自身が, 教師の願いや教師が意図している授業への姿勢や構えを理解することは難しい。だからこそ, 教師が変わらなくては授業を変えることはできない。例えば, はじめから教師が答えを示すのではなく, 子どもたちが授業を通して気付いたことやまちがえたことを, 子ども自らが修正することができるように教師が導くことも重要となる。

　そこで今教師に求められている変革の視点は, 以下の三つである。

- 子どもへの見方を変える。
- 子どもとの関わり方を変える。
- 何を育てるのかを変える。

　今，変わらなくてはならないのは，子どもたちではなく，教師である。

　その教師の意識改革で最も重要なものが，教師として子どもたちに求める資質・能力の内容である。これまでの学校で求められる学力は，知識の習得とその再生の正確性が中心であった。しかし，時代は変わろうとしている。これからの時代，三つの柱として示されている資質・能力を，指導者としての教師が意図的・計画的に育成することが重要となる。

　そしてそのために，子どもたちを主語とした授業改善が求められているのである。その実現を図るために，一人一人の子どもたちが授業を通して「主体的・対話的で深い学び」を行える授業作りをすることが大切である。

　今日，「主体的・対話的で深い学び」という授業改善が求められているのは，教師と子どもたちの間にある状況を転換することにより，主語としての子どもたちに，これからの時代が求める資質・能力の育成を図ることを求めているからでもある。

　だからこそ，「指導」という言葉によって，学力の育成を教師からの視点で行ってきた授業そのものの在り方を，子どもたちの視点からのものに転換して授業改革することが求められている。そして，その授業改革によって，これまであたりまえとして行われてきている授業の在り方を，再構築しなくてはならない状況が生まれてきている。

(4) 学習評価の在り方の改善

　授業は誰のために行うのか，という教育の原点に立った問いを再確認すれば，授業で何を大切にしなくてはならないのかが自ずとみえてくる。

　学校は子どもたちのためにあり，そこで子どもたちが，わかるということの実感をもてるような授業作りを行いたい。

　その授業作りを行うためには，子どもたちへの学習評価の内容によって，教師は授業を自省し，必要があれば，子どもたちの実態に合わせて授業を変

えなくてはならない。

　191ページで引用した「諮問」では，学習評価の在り方について以下のように述べている。

　　　また，こうした学習・指導方法の改革と併せて，学びの成果として「どのような力が身に付いたか」に関する学習評価の在り方についても，同様の視点から改善を図る必要があると考えられます。

　これからの授業は，「何を教えるか」だけではなく，授業を通して「どのような力が身に付いたか」ということが重要となる。

　その「どのような力が身に付いたか」を，評価によって子どもたちに自覚させることが求められる。評価されたことを自覚するために，学び手がその授業を通して身に付けるべき学習の内容を，授業のはじめの段階で知っておかなくてはならない。

　このために，先にも述べたが，各学校におけるカリキュラム・マネジメントの上に立った授業作りが必要となる。カリキュラム・マネジメントによって，それぞれの単元や題材を通してどのような資質・能力を身に付けるかを，授業者のみではなく学び手自身にも自覚させることが求められる。

　そのためにはカリキュラム・マネジメントとして以下のことを，特に小学校低学年の子どもたちに対しては，わかりやすい言葉で伝えるなど工夫したり，一部をわかりやすく示したりして事前に知らせ，理解を図ることが重要となる。

①　学校の教育目標とその年度の目標

　　【学校のグランドデザイン】

②　学校全体の教育活動を通して，当該学年においてどのような資質・能力の育成を図るのか。

　　【各学年のグランドデザイン】

③　各教科等として，どのような資質・能力の育成を図るのか。

　　【各教科等のグランドデザイン】

④　各教科等として年間でどのような授業計画がされているのか。

　　【各教科等の年間指導計画】

⑤　各教科等の単元計画

⑥　各教科等の単元指導案をもとにした「学びのプラン」の提示

　この六つのプロセスにしたがったカリキュラム・マネジメントの内容を学び手である子どもたちに開示し，単元ごとの授業を年間を通して行う。そのためには，それぞれの単元，さらに年間の中で，各教科等の授業を通してどのような資質・能力の育成を目指すかの見通しをもたせることが必要となる。

　そして，単元や年間というスパンの中での授業を通し，意図的・計画的に，何を，いつ，どのように資質・能力として育成を図るのかを考える。そして，小学校低学年の子どもたちには表現を工夫してわかりやすくした内容を示すなどして，学び手にもみえ，わかるようにしておくことが，これからの時代の学習評価には求められている。

　それゆえに，新学習指導要領では，カリキュラム・マネジメントが重要となっているのである。

⑸　1時間を対象とした授業から，単元を対象とした授業への転換

　年間の授業計画を各学校において行うためには，これまでのように，教科書の教材提示の順に授業をするだけでは，それぞれの学校の子どもたちの実態に合った資質・能力の育成を図ることは難しい。

　教科書会社の作成した資料には，教科書に沿った年間計画や，各単元や題材ごとに育成すべき資質・能力や評価内容が示されている。しかし，それは一般的なものであり，各学校の子どもたちの実態や実情に合っているとは限らない。

　そこで，各学校ごとにカリキュラム・マネジメントを行うのだが，そこで重要となるのが，各学校における子どもたちの資質・能力としての実態や実情をきちんと把握することである。

　これまで，学校の実態は各学校で異なっているにもかかわらず，ともすると授業は教科書中心で，学校が異なっても同じような授業が行われることが

多かったのではないだろうか。同じ教科書を使用していても，学校が異なれば子どもたちの理解の仕方も変わってくる。そこで，子どもたちの実態や実情に合わせた授業作りが求められる。

では，どのように授業作りをすればよいのか。

これまでの授業は，研究授業が象徴するように，1時間単位で授業が考えられることが多かったのではないだろうか。1時間の授業をしっかりと計画し，1時間の授業の流れと展開のシミュレーションをし，そして，その1時間でどのような学力を育成するかということに関して，目標と評価との関係を図りながら授業を作ってきたといえよう。

研究授業として作成される学習指導案には，児童や生徒の実態がその時間の指導者によって書かれていることが多い。そこには，一般化された教科書を使用しつつも，その研究授業として取り上げる教材については，子どもたちの実態や実情にどのように合っていたり，意味があったりするのかが明らかにされている。それはそれで重要なことではあるが，これからは1時間や1単元としてのものだけではなく，年間の中でのその授業の位置付けがわかるものが求められる。

1時間での資質・能力の育成は難しく，ある一定のスパンの中でしか資質・能力の育成を図ることはできない。研究授業において1時間単位の授業計画を示すだけでは，単に授業の仕方を見せるだけにとどまり，資質・能力が子どもたちに育成されているかをみることは，難しいのではないだろうか。

また評価に関しても，観点別学習状況の評価としての新学習指導要領が求める「知識・技能」，「思考・判断・表現」，「主体的に学習に取り組む態度」としての3観点を，1時間の授業で全て評価することは不可能である。

そこで，これからの時代が求める資質・能力の育成には，単元の学習指導案が必要となる。この一つ一つの単元の学習を積み上げることで，年間の各教科等の指導において，各教科の目標としている資質・能力の育成が可能になる。それゆえ，単元としての授業作りが重要となるのである。

単元の授業では，その単元全体を通して，どのような資質・能力を育成するかということが重要となる。その資質・能力の内容を具体的に示している

のが，観点別学習状況の評価としての「知識・技能」，「思考・判断・表現」，「主体的に学習に取り組む態度」としての3観点として取り上げる単元全体の評価規準である。

⑥ 単元における「問い」の重要性

　授業では，子どもたちにその単元の授業を通して育成すべき資質・能力の3観点を示すことは重要だが，それをもって子どもたちが何を，いつ，どのように学べばよいのかを理解することは難しい。そこで，各単元で育成すべき資質・能力の内容を，子どもたちに対しては「問い」として示すことが求められる。言いかえるなら，「授業作りは，問い作り」ということになる。

　では，どのような問いが求められるのだろうか。

　そこで求められる問いは，単元全体を通した学習を子どもたちが行うにあたって，常に学びの全体に関わるものでなくてはならない。そして，その問いを子どもたちが意識することにより，学びの目標の実現を図り，その問いを通して資質・能力の育成を図ることができる問いである。例えば，

- 単元や題材で求める資質・能力の育成を目指す問い
  - →評価規準の実現を図ることのできる問い
  - →単元や題材の見通しのもてる問い
- 子どもたちが自分の問題として捉えられる問い
- それまでの学習とつながりのある問い
  - →既習学習が生きる問い
- 根拠が求められる問い
- 多様な考えをすることのできる問い
- 振り返りのしやすい問い

というような問いを作ることが，授業作りの重要なポイントになる。

　そして，その問いは，その単元で育成すべき資質・能力の目標と直接的に結び付かなくてはならない。この目標の実現を図ることこそが授業で行わなければならないことであり，その実現状況の内容が評価となる。

　授業における問い作りこそ，「指導と評価の一体化」を具現化する重要な

ポイントになる。

⑦ 「指導と評価の一体化」の再考

　「指導と評価の一体化」は，2001（平成13）年に導入された目標準拠評価における観点別学習状況の評価が示された時期から言い続けられてきている。しかし，その具体を図るためにどのようにするかが，あまり普及していないのも事実である。

　そこで，これまでの評価に対するパラダイム転換を図る意味でも，「指導と評価の一体化」の再考は重要となる。

　本章の初めにも書いているが，評価は何のために行うのかという問いに対して，子どもたちの学びを Assessment するために行うのだということを再確認しておきたい。

　評価は成績を付けるために行うのではない。子どもたち一人一人の学びをAssessment として支援し，子どもたちが自分自身で「学びを振り返って吟味し，再構成することを通して自らの学びを自覚し，その意味を見いだす」という，リフレクションを通したメタ認知を行うことができる資質・能力の育成を図ることが大切である。このことは，言いかえるならば，学び手自身が自分の学びを自覚し，意味付けることができるようにすることが評価なのだということになる。

　子どもたちが自分自身の学びを自覚し，意味付けることは，何を学ぶかという学びそのものを対象化し，その学び自体の意味に気付くことでもある。このような学びができることは，自分自身で今ある自分を認識し，自己変革の通筋を自覚し，それを実行し，自己変革を遂げることのできる資質・能力を身に付けることにつながる。

　このような資質・能力を育成することは，これからのグローバル化した社会で，社会そのものが変化していく中で重要なものとなる。

　しかし，そのような資質・能力の育成は一朝一夕にできるものではない。子どもたちの成長とともに，それぞれの発達段階に見合った教育活動を通して，緩やかに形成されるものである。

　そしてそれは，子どもたちが自発的かつ内発的に身に付けることのできる
ものでもない。学校教育において長いスパンをかけ，意図的・計画的に育成
をしていかなければ，その実現を図ることはできない。だからこそ学校教育
が重要なのであり，そこでは，育成すべき資質・能力の三つの柱を目標とし
た指導が行われなくてはならない。

　このようにみてくると，この項で先に述べた評価の問題と指導とをつなげ
なければ，その実現を図ることができないということがみえてくる。「指導
と評価の一体化」は指導する目標と内容とが先にあり，それを評価するとい
う回路ではなく，まさに，指導と評価とを一体化した授業の中から，これか
らの時代が求める資質・能力の育成を図ることを目指しているのだというこ
とを理解したい。

2. 評価によって資質・能力を育成する

　これまでは学校教育で育成する対象を「学力」として示してきた。しかし，
現行の学習指導要領と新学習指導要領において「学力」という用語は一切使
われていない。また，中教審「28 年答申」では「学力」ではなく「資質・
能力」を用いている。

　このことは，新学習指導要領では「社会に開かれた教育課程」の視点から，
学校教育の中のみで育成する「学力」ではなく，まさに「社会に開かれた」
資質・能力の育成を図ろうとしているからである。

　その資質・能力とは，これまでにも何回か示してきている資質・能力の三
つの重要な柱としての下記のものである。

① 　何を理解しているか　何ができるか　……「知識・技能」
② 　理解していること・できることをどう使うか　……「思考力・判断力・
　　表現力等」
③ 　どのように社会・世界と関わり，よりよい人生を送るか　……「学び
　　に向かう力　人間性等」

この三つの資質・能力を，学校教育においていかにバランスよく育成する

かが，新学習指導要領が求める最重要課題でもある。

　これまでの日本の学校教育においては上記の中，特に①の「知識・技能」の育成に大きく重点がおかれてきた。しかし，グローバル化した世界の中でこれからの日本の在り方を考えるとき，②の「思考力・判断力・表現力等」もバランスよく育成することが重要となっている。

　これまで日本の学校教育における教育課程では，いわゆる学ぶべき「知識・技能」を系統的に整理した内容をコンテンツベースとし，その育成を主として図ってきた。しかし，これからの時代，パソコンやコンピュータ等におけるAI（人工知能）によってコンテンツベースの内容は検索等で手に入れることができるようになり，単なる知識や技能のみではなく，その質や量をも含めたコンピテンシーベースの学力も，相互に関連させながら育成することが求められる時代に変わってきている。

　時代が変わる中で，学校教育で育成すべき資質・能力の内容が変わった。それに合わせ，学校教育そのものが変わっていかなくては，子どもたちに必要な，未来に生きる資質・能力の育成をすることはできない。

　未来を生きる子どもたちが，大人になったとき必要とされる資質・能力は，今の時点で明確にはなっていない。未来が求める資質・能力は，教育の「これまで」に基づき，有意であったことを見つめ直し，それをもとに教育の「これから」を考える中で明らかになってくる。

　学校教育に対しての歴史認識に基づいて，現時点の教育の実態と実情とを，これまでの歴史の経緯の中に位置付け，それを検証することが重要となる。それは，現時点から過去を見つめ直し検証する方向のベクトルである。その方向ベクトルは，過去の地点から今日を見る方向ベクトルとして捉え直すと，現時点から未来を見る方向ベクトルとなる。言いかえれば，歴史の中に未来を見つめるベクトルとしての視点があり，未来は全く予測不可能というわけではないことになる。だからこそ，今を歴史の中で総括し，今に足して，さらに足りないこと，あればよいことを教育の内容として定位することが，未来が求める資質・能力となるのである。

　それが，新学習指導要領で示された資質・能力とも重なる。今回の学習指

導要領改訂では，明治以降の日本の学校教育が総括され，これまでの歴史を通して考えると，これから70年間を見通せる資質・能力が示されていると言っても，言い過ぎではないと考える。

　新学習指導要領では，これまで求めてきたコンテンツベースに加えてコンピテンシーベースの資質・能力の育成が，未来が求める資質・能力と捉えている。この資質・能力を育成するためには，ここまでに繰り返し述べてきたが，Evaluation としての評価ではなく，Assessment としての評価が実現しなくてはならない。

　Evaluation としての評価は，コンテンツベースの資質・能力には意味がある。しかし，Assessment としての評価への転換を図ることにより，単なるコンテンツベースの資質・能力のみを育成するのではなく，コンテンツベースの資質・能力を基盤としながらも，コンピテンシーベースの資質・能力の育成を図ることが重要となる。

　そこに，これまでの授業の在り方のパラダイムシフトをしなければならない，授業再構築の根拠がある。

　評価は，評価として独立して存在しない。子どもたちの学ぶという行為を対象として行われる。それは，学んだことや学び方を再構成し，自己調整を図り，吟味して意味付けることであり，リフレクションを通したメタ認知でもある。

　さらに，その意味付けを学びのプロセスの中に位置付けることにより，継続的で終わりのない学びとなる。それが，育成を目指す資質・能力の三つ柱の③の「どのように社会・世界と関わり，よりよい人生を送るか（学びに向かう力　人間性等）」に大きく関わる。

　一つの学びが次の学びにつながり，それらがサイクルとなり継続的な学びが行われる。そして，それが生涯にわたる学びとなり，一人一人の子どもの資質・能力の育成につながる。

　学ぶとは，本来，終わりのない行為であるが，これまでの学校教育においては学びのスパンを切り取り，その範囲の中での評価が行われてきた。範囲を限定することは，Evaluation としての評価を行うには有効だが，短焦点の

評価となり資質・能力としての総体の評価にはなりにくい。

　評価は，子どもの成長というパラダイムの中に存在しており，継続的に行われるものである。それは，一人一人の子どもの学ぶという行為の連続性の中に存在する。これまでの評価は，連続性の中にある子どもの成長の一部分を切り取り，分節的に行われてきた。評価そのものだけを対象とすると，分節的に評価を行うほうが評価対象が明確になり，意識化を可能とする。しかし，子どもの成長は連続性の中にあり，そこに学校教育としての小学校6年間，中学，高等学校の各3年間のスパンの中で子どもたちを育てていくことの意味がある。

　この学校教育における資質・能力の育成のスパンの中で，常に意味ある事項として考えなくてはならないのが，これまでにも示している下記の事項である。

① 「何ができるようになるか」（育成を目指す資質・能力）
② 「何を学ぶか」（教科等を学ぶ意義と，教科等間・学校段階間のつながりを踏まえた教育課程の編成）
③ 「どのように学ぶか」（各教科等の指導計画の作成と実施，学習・指導の改善・充実）
④ 「子ども一人一人の発達をどのように支援するか」（子どもの発達を踏まえた指導）
⑤ 「何が身に付いたか」（学習評価の充実）

　それゆえ評価も，①から⑤までの資質・能力の育成が分節的にあるものではなく，子どもの学びのプロセスの中で，学ぶことの文脈を通して，育成すべき資質・能力として捉えなくてはならない。

　それを行うために重要なのが，カリキュラム・マネジメントである。カリキュラム・マネジメントを通して，上記の①から⑤を継続的に行うことにより，子どもたちの学びを広げ，深めることが評価における重要な課題となる。したがって「指導と評価の一体化」は，これまでに引き続き，日々の授業を通してはもちろんのこと，さらに学校というスパンの学びの文脈の中で，その実現を図ることが重要となる。

　授業者は，日々行っている授業において，子どもたちにどのような資質・能力を育成するのかを，これまでの1時間単位だけではなく，各単元や題材，さらに月や学期，そして，学年全体を通して行い，それを積み重ねることが求められる。それは，各校種を通して行われなければならない。

　だからこそ，そこにおける評価は，短いスパンの中でのEvaluationとしての評価ではなく，一人一人の子どもの成長に寄り添ったAssessmentとしての評価でなくてはならない。

　ただ，子ども一人一人の成長を支える評価は，学校教育においては学習指導要領の内容に沿った質的な評価を主とするが,時には,「できるようになる」ことに対しての量的に測定できる内容を対象とした評価も意味があることを添えておきたい。

　子どもの成長を支えるAssessmentとしての評価においても，子どもたち一人一人を多面的・多角的に見取ることが重要であり，評価方法や評価内容をさまざまに取り入れ，評価によって子どもの資質・能力を育成することが求められる。それゆえ，子どもたち一人一人の資質・能力を育成するには，それぞれに対しての評価がなくては，その実現を図ることはできない。

3. 評価の具体

　教育活動には，評価は必ず伴う。しかも，その評価は，学び手である子どもたちに返す（示す）ことが重要となる。それは，評価によって，一人一人の子どもの成長をAssessmentとして支え・支援するためである。

(1)「何を」評価するのか

　繰り返しになるが，これまでの評価の中心は，子どもたちが学習によって身に付けた学力をEvaluationとして値踏みすることにあった。しかし，時代は変わってきている。評価自体が，学びのプロセスの中にも定位し，学ぶということと評価とが常に表裏一体のものとなってきた。それが，Assessmentとしての評価である。だが，Assessmentとしての評価といっ

ても，いつもいつも評価をしているわけではない。その単元や題材で育成すべき資質・能力としての目標に対応した内容が，Assessment としての評価内容となる。

　新学習指導要領に示されている各教科等における資質・能力は，〔知識及び技能〕と〔思考力・判断力・表現力等〕との両方を，「2 内容」としてともに提示している。そのことは，〔知識及び技能〕と〔思考力・判断力・表現力等〕を常に均等に育成するということではない。時によっては，そのどちらかに重点をおく場合もある。

　日本の学校教育においては，この学習指導要領に示されている各教科等の「2 内容」を習得したり習熟したり，そこから考えたり判断したりすることを身に付けることが，資質・能力の育成につながる。その学びの対象は，各教科等においても異なっており，さまざまで多様でもある。

　学ぶべき対象がさまざまであり多様であるということは，その内容の学び方も，同様にさまざまであり多様であるということだ。それゆえ，学び手が学んだ内容を評価するにあたっては，さまざまな場面やさまざまな方法で評価が行われることになり，一定の評価方法のみが優れていたり，有効であったりするということはない。

　例えば，評価をするにあたり，ペーパーテストの割合とパフォーマンス評価との割合をいかにすべきか，ということを問われることがあるが，育成すべき資質・能力を何にするか，どこにおくかによっても変わるので，一定の評価方法というものはない。

　評価においては，いかに一人一人の子どもたちが，単元や題材の目標に示された「知識・技能」，「思考・判断・表現」，「主体的に学習に取り組む態度」を，授業を通して習得し，習熟し，さらに思考し，判断し，表現できるようにすることが求められる。そして，それらに主体的に取り組んでいるかを自覚することができるようになるかが重要となる。

　ただし，その判断は自己評価や相互評価としてではなく，その学びを授業として組織・構成した評価者が行うべきものである。一人一人の子どもたちに資質・能力を育成するのは指導者の役割であり，目標を立てた指導者にし

か，子どもたちにその実現が図られているかの評価を行うことはできない。先にも述べているが，自己評価と相互評価は子どもたちの学習活動であり，評価は評価内容としての目標を設定した指導者が行わなければ意味がないのである。

評価は，指導者が目標とした学びの内容を，評価によって子どもたちに対象化させ，意味付け，自覚化させることでもある。そこでは，評価者が評価内容を決め，それに向けて到達させたり，実現させたりすることだけでなく，子どもたち自身に学びの意味を自覚させ，理解させ，獲得させることが大切である。評価は，一人一人の子どもが，自分が学んだ過程を通して，指導者が設定した学ぶことの目標に回帰できることとも言えよう。

そのことにより，一人一人の子どもが，自分の学びの目的を対象化し意味付け自覚するという，リフレクションを通したメタ認知を行うことになる。それを子どもたちに自覚的に行わせることが，指導者の役割となる。

② 評価は，「いつ」行うのか

評価を行うには，評価の適時性が求められる。特に，Assessment としての評価は，子どもを支え・支援する評価のため，学び手である子どもたちが前記（本書 204 ページ）に示している①から⑤までの事項を，意図的・計画的に学ばなくては，一人一人の資質・能力の育成を図ることは難しい。

そのためには，資質・能力について「何を」，「いつ」，「どのように」育成すべきかを，カリキュラム・マネジメントによって位置付けることが重要となる。

これまで評価は，教材や単元の終了時，また，中間試験や期末試験という学習の区切りに行われることが多かった。そこでの評価の捉え方は，学習の結果や成果を問うものであり，その習得量と再生の正確性を問うものでもあった。

しかし，評価は学習のプロセスの中に Assessment として存在するという考え方の出現により，結果としてのものだけでなくなりつつある。そこで，学びのプロセスを対象とした評価の在り方が問われるようになってきた。そ

の一つの例が，本書でも述べているパフォーマンス評価であるが，評価自体を一つの指標によってのみ行えば，その評価指標が対象とするものしか評価することはできない。

　子どもたち一人一人は，無限の可能性をもっている。その可能性をいかに引き出すことができるかが，評価には問われている。例えば，スポーツでも，チームとしてさまざまな個性が必要である。野球であれサッカーであれ，ラグビーやバスケットでも，ポジションごとに果たす役割は大きく異なっている。さらに，個人種目でも個性によって種目の得手不得手がある。

　学校教育における学習のみが，一つの正解を，また同じような学力を，ほぼ同じ時期に獲得・習得することを，これまで求めてきた。

　たしかに，年齢を同じくする子どもたちに，ある資質・能力を同じように育成することは必要である。しかし，それのみが資質・能力の全てではない。一人一人の子どもの個性を考えるとき，コンテンツベースの資質・能力と，コンピテンシーベースの資質・能力とをバランスよく育成することが求められる。このバランスを取るために，カリキュラム・マネジメントが重要となる。

　一人一人の子どもたちの成長の度合いと，育成すべき資質・能力の内容とのバランスを考え，それを学習指導として意図的・計画的に子どもたちの発達段階に合わせたカリキュラム・マネジメントとしていかに行うかが，これからの学校教育には求められている。

　そこで，「いつ」資質・能力の育成を図るかが問われている。新学習指導要領においては，〔知識及び技能〕と〔思考力，判断力，表現力等〕が，学習指導要領の「2内容」の指導「事項」として，各教科の学年や学年のまとまりごとに示されている。

　その「2内容」の指導「事項」を，年間の授業の中で「いつ」行うのかは，各学校ごとにカリキュラム・マネジメントとして位置付けなくてはならない。先にも述べているが，日本の学校教育は，優れた教科書があるために教科書の教材配列の順番で授業が行われてきた傾向にある。

　しかし，今回の教育課程の改訂に沿えば，各学校ごとに子どもたちの実態

や実情に合わせてカリキュラム・マネジメントを行うことが必要となる。したがって，各学校においては，教科書の教材配列の順番ではなく，子どもたちの学びの実態や実情に合わせて学習指導要領に示された「2内容」を，年間の授業時数に合わせて配列した順での授業計画が求められる。

　このように，各学校ごとの指導計画に沿って行われる授業は，子どもたち一人一人の成長に寄り添うものでなくてはならないのは，言うまでもない。だからこそ，授業を通して育成される資質・能力を評価するにあたっては，これまで多く行われてきたペーパーテストのみの評価ではなく，多面的・多角的な評価を行わなければ，一人一人の個性の異なる子どもたちの成長を見取り，支援（Assessment）することはできない。

　一人一人の個性のある子どもの成長を評価することは，Assessment をすることになる。Assessment は，その結果のみではなく，学びの過程の中で，わからないことがあったりまちがったり，それを修正し自己調整を図ったりすることを通し，学びそのものが広がり深まっていく。

　この学びの過程を含めて評価（Assessment）することが，これから一人一人の子どもたちの資質・能力を育成する学びを対象とした評価では行われなくてはならない。

③ 評価は「どのように」行うのか

a. Assessment としての評価の意味

　これまでの評価は，どちらかというと「できたか」，「できなかったか」という二項対立の中に閉じ込められたものであった。しかし，「どちらでもない」という曖昧さや「知らない」，「わからない」こと，さらに，「まちがえる」ことも学ぶ際には重要である。

　さまざまな学問やものの見方・考え方が進化するためには，今あたりまえとされていることを，一度疑うことも重要である。科学を含め学問の進化は，それまでの常識に疑問をもち，それを覆すことによって行われてきた。あたりまえを疑うことは，よい意味での疑問をもつことを常に行えるようにすることでもある。

　しかし，これまでの日本の学校教育では，ペーパーテストによって「○」か「×」かの世界に学びを閉じていた。例えば，授業中に先生が赤鉛筆をもち，机間指導をしながら子どもたちのノートに「○」を付けて回ることがある。先生にとっては，一人一人の子どものノートをきめこまやかに見て指導をしていることになるが，子どもにとっては，先生に正しいかまちがっているかをその場ですぐに評価されていることになる。まちがっていた子どもは，どうすればよいのだろうか。また，「○」をもらえるように，自分の考えを修正しようとするかもしれない。一方，「○」をもらった子どもは，どうするだろうか。「○」をもらった時点で，思考を停止してしまいはしないだろうか。

　正解か不正解かという二項対立は，正解になること自体が目的となり，学びを広げ深めることにつながらない。それは，知識の習得ということにおいても，ただ単に覚えておくということだけでは，学びを広げ深めることはできないのと同様である。知識の習得にとどまらない学びが今日求められている。それは，このような正解か不正解かという二項対立の中での学びではない。学ぶことにより思考力，判断力，表現力等を資質・能力として身に付けるために，学ぶことの目的そのもののパラダイム転換を図ることが求められているのである。

　これまでの日本の学校教育における学びは，知識の習得が主となっていた。そして，それを正確に再生することが学ぶことであり，その結果としての知識の習得量を評価してきた。そのことについては，これまでも繰り返し述べてきたが，評価という言葉の意味がEvaluationでしかなかったからでもある。

　このEvaluationとしての評価は，一般社会において今日でも根強く残っている。それは，評価に関する原体験の枠組みからのパラダイム転換が図られていない今日的状況でもある。そのことは，評定すること・成績を付けることが評価である，という考え方に典型的に見て取れる。

　しかし，これからの時代が求める資質・能力が大きく転換しようとしている今日，この評価観を転換しなくては，グローバル化した社会の中で日本は取り残されてしまう。ここに，評価観の転換の意識改革が求められる根拠が

ある。

　このような評価観の転換に伴って，評価の在り方も Assessment の評価に転換しなくてはならない。Assessment としての評価は，先にも述べているが，学びの結果だけではなく学ぶことのプロセスを含めた総体をその対象としている。そのため，結果としての評価を含め，何を，いつ，どのように評価を行うか，評価の内容，適時性，方法が問われることになる。

　そもそも評価とは，一人一人の子どもの学びを支えるものであり，値踏みをすることではない。ここへの気付きがないと，これまでのようにEvaluation としての評価にとどまることになる。

　では，「どのように」評価を行うのかと問われた時，一人一人の子どもたちの資質・能力をいかに育成することができるかということを考える必要が出てくる。

　一人一人の子どもはみんな違うということから出発しなければ，指導者の意図する一つの方向性の中に評価が閉ざされてしまう。一人一人の子どもたちに育成すべき資質・能力は全て異なるということを，まず指導者は自覚したい。一人一人の子どもが異なることから，学ぶということが始まる。まず全体ありきではなく，一人一人の子どもに向き合い Assessment をすることへの転換を図らなくてはならない。

　例えば，知識はあるが実技ができない子どもがいたとする。その子どもへの評価はどのようにすべきであろうか。このような子どもに対しても，それを子どもの個性と捉える必要がある。指導としては，他の子どもと同じように実技ができるようにすることが求められる。しかし，実技のみを見取るのではなく，その実技に対しての知識や学ぶ姿勢などについて他の子どもとの違いを，指導者として理解や把握をしたい。それを子どもの個性として，できないことをできるようにするだけではなく，その子どものもつよいところを伸ばそうとすること，それが Assessment となる。

　今日行われている目標に準拠した評価としての観点別学習状況の評価は，この考え方による評価である。言いかえるなら，一人一人の子どもたちのよい点を見取り，長所を伸ばす評価と言うこともできる。

b. 評価観の転換

　Assessment としての評価観は，これまでの日本の学校教育における評価観ではあまりみられなかった。

　これまでの評価観として象徴的なのが，テストにおける点数の付け方である。これまでのいわゆるテストにおいては，到達の点数，例えば100点という満点を設定し，そこからまちがえたことを減点する方法が多く行われてきた。この減点による評価方法は，指導者が求める知識を学びの結果として，その習得量を測定する評価には適している。

　しかし，そこには，知識の習得を量として評価することはあっても，一人一人の子どもたちが，何を，いつ，どのように学んだのかという学びの過程についての評価は行われない。学びの過程で，わからなかったりまちがったりしたことを授業を通して修正したり，考え直したりすることも重要である。このような評価は，Assessment としてこれからは大切になる。

　これまでにも述べてきたが，結果のみを評価するのではなく，学びのはじめから学ぶ過程全てを対象として，評価によって子どもたち一人一人の学びを支え，意味付ける Assessment としての評価を，いかに学校教育に取り入れるかが今日的な大きな課題である。

　Assessment としての評価を学校教育に取り入れるために，最も重要なことが教師の評価観の転換である。それは，結果として学んだ内容を測定することのみを評価としてきたことから脱し，学びの過程の中に学習の内容を定位し，それを評価することによって可能となる。

　これまでも，学びの過程は重視されてきてはいる。しかし，そこにおける評価はあまり行われていない。それは，これまでは学習の結果による評価が行われてきたためである。その象徴が，100点満点のペーパーテストである。100点満点のテストからの転換をいかに図るかを考えることにより，これからの時代が求める評価の内実がみえてくると言えよう。

　一人一人の資質・能力の育成を図るなら，一人一人の子どもの Assessment を重視しなければならない。序列を付けることや結果としての評価ではなく，一人一人の子どもの可能性を伸ばすことが評価だとするならば，評価の在り

方自体に対する考え方を，根本的に変えなくてはならない。

　例えば，学習の終了した時点でのペーパーテストによる評価では，テスト問題を事前に被評価者にみせることは，行ってはならないことであった。

　しかし，よくよく考えてみると，学んだことを理解しわかることが目的ならば，テスト内容を事前に開示し，それに対して学び手がどの程度理解したかをみる，ということがあってもよい。そこでは，全員が理解していれば，全員が 100 点を取るといったことも起こる。

　また，ペーパーテストによる平均点を出すことは，全員が授業内容を理解していなくてもよい，ということを前提にしてはいないだろうか。ましてや，平均点を 60 点ぐらいと設定してテスト問題を作るということは，当初から学習したことが全てわかっていなくともよい，ということを教師から宣言しているようなものではないだろうか。

　さらに，なぜ 100 点満点の試験なのだろうか。なぜ減点法で採点をするのだろうか。一つ一つの問題ができて，それを加点して評価し，その加点が 100 点を超えることがあってもよいのではないだろうか。

　時代が求める教育は，未来を志向している。集団の中での序列を付けるために評価をするという時代ではなく，一人一人の子どもたちに，授業を通して資質・能力を育成することが，今求められ始めようとしている。

④ 評価を「なぜ」行うのか

　評価を「なぜ」行うのかと問われたとき，評価とは一人一人の子どもたちに自分の学びの意味を自覚させるために行う，と答えたい。ここでの主語は，指導者である。

　自らの学びの意味を自覚させるには，自己評価を用いるという考え方もある。しかし，自己評価はあくまでも自分自身への気付きとしてのものであり，学習過程の中での自己調整の働きをするものである。したがって，自己評価は学習活動であり，Assessment としての評価ではない。

　評価で重要なのは，資質・能力を育成するために評価を行うことである。評価のない学びは活動レベルにとどまり，資質・能力の育成を図ることはで

きない。その資質・能力の内容を授業の目標として設定するのは，教師の役割である。

　学校教育の主語が，子どもたちであることは言うまでもない。しかし，子どもたち自身に，授業を通してどのような資質・能力を身に付けるかと問うたら，それに対して子どもたちは答えることはできないのではないだろうか。

　これからの時代が求める資質・能力について，その道筋を考えるのは指導者としての大人の役目である。指導者としての大人は，自分のこれまでの経験や学んだことを総動員して，これからの時代が求める資質・能力とはどのようなものかを，それがもしかしたら的外れになるかもしれないということを含めて，考えることが求められる。

　また，カリキュラム・マネジメントを通して，各学校ごとにそれぞれ子どもの実態や実情に応じつつ，①「何ができるようになるか」，②「何を学ぶか」，③「どのように学ぶか」，④「子ども一人一人の発達をどのように支援するか」，⑤「何が身に付いたか」を学校全体で考え，その実現に向けて授業に取り組むことも求められている。

　一人の大人だけが，これからの時代に求められる資質・能力を考えるのではなく，子どもたちに向き合っている学校の教職員が，チームとして子どもたちの未来に通じる資質・能力を考えなくてはならない。

　子どもたちに育成すべき資質・能力の在り方を学校というチームとして考えるならば，その資質・能力がいかに形成されるか，いかに子どもたちに身に付くかということを対象にした評価においても，学校というチームとして取り組む必要がある。

　これまでも「指導と評価の一体化」がいわれてきた。しかし，それは，一人の教師が担ってきた面が強い。一人の教師の指導には，その教師がどんなに一生懸命に教育活動を行っても，どんなに頑張っても限界がある。

　小学校の担任は学級担任制であり，自分の学級のみの指導を担当することが多く行われている。また，中学校，高等学校では教科担任制で，教科については同じ学年を二人で担当することはあっても，基本的には小学校と同様に学級での教科指導は一人で担っている。

　先にも述べているが，子どもたちは教師を選ぶことはできない。だからこそ，各学校においては，どの教師に習ってもほぼ同じ水準の指導が行われなくてはならない。教師一人一人にも個性はある。しかし，教師のために学校があるのではない。学校は子どもたちのためにある。

　教師の指導が子どもたち一人一人に資質・能力を育成するために重要であることは，誰しもが認めるところである。たとえ一人一人の教師の指導方法は異なったとしても，その指導内容について一人一人の教師に任せられてしまっては，授業を担当する教師によって育成する資質・能力が異なってきてしまう。

　そこで，学校としてのカリキュラム・マネジメントをもとに，一人一人の教師の個性は生かしつつ，子どもたちに育成すべき資質・能力を，その学校に所属する教師全てが同じ方向で指導を行うことが重要となる。その指導を通して育成される資質・能力が，一人一人の子どもたちにどのように育成されたかを見取るのが，評価である。

　評価は，指導する教師の指導の在り方に回帰するものである。教師は評価を通して指導内容を再構成し，吟味し，意味付けるという行為を通してリフレクションを行い，そのことを通して自己の授業をメタ認知し，指導の在り方を常に問い直し続けなくてはならない。

　子どもたちの学びの在り方についての評価を行うことによって，教師の指導の在り方を問い直すことこそ，評価を行うことの意味となる。

4. 主観的な学習評価のよさを見直す

　1948（昭和23）年の学籍簿に始まる戦後の日本の学習評価は，戦前の学習評価で教師の主観に依拠した認定評価が主に行われていたため，客観的な学習評価を求めることから始まった。そこでの数値による量的な学習評価が，客観性を担保していると一般には受け止められた。この時期から，学習評価は客観的でなければならない，とする考え方が主流になったと言える。

　たしかに数値による学習評価は，他者との比較を行うには有効である。し

かし，子どもたち一人一人の個性や資質・能力の内容の評価を行うには向いていないのではないだろうか。数値による量的な評価のみでなく，一人一人の子どもの個性や資質・能力を質的に評価することも，学習評価としては求められる。

では，それは常に客観的なものでなくてはならないのだろうか。

教室で教師が子どもの学びを価値付けたり意味付けたりすることは，それがたとえ主観的なものであっても，学習評価と言えるはずである。価値付けることや意味付けることは，子どもたちが自分自身では気付かない行為や行動を，褒めたり認めたりすることによって，子どもたちに意識させることになる。

子どもたちに自らの行為や行動を意識させることを通し，その行為や行動を自覚的に高めることによって，子どもたちはさまざまなことを学び，成長する。それは学習評価だと言うことができる。しかし，それを数値で示すことはできない。

これまで日本の学習評価は，「客観的な評価を行う」という枠組みの中で，量的な数値に偏った評価を行ってきたのではないだろうか。

中教審「31年報告」では，「評価の妥当性・信頼性」という用語を用いており（p.14），主観的や客観的という用語は用いられていない。この「評価の妥当性・信頼性」は，現行の指導要録に関しても既に用いられている。

学ぶことの中で身に付ける個性や資質・能力としての価値は，数値では表すことができないと言えよう。それは，創造性によって形成されるものでもあり，深い学びによる理解が重要となる。さらに，理解のためには一人一人の個の判断が求められる。その判断を行うには，習得した知識や技能，情報の量と質とによって形成されてきた資質・能力が必要である。

そこには，量的な数値での評価はなじまない側面もある。それゆえ，量的な評価だけではなく，質的な評価が求められる。

ただし数値による量的な評価も，単に100点満点の試験で何点を取ったかという達成率ではなく，評価基準としての通過率をみるならば，数字による量的な評価であっても単なる序列を付けるための評価ではなくなる。

　評価は，一律の一定のものとしてでなく，評価する対象によってしなやか
に行わないと，評価自体の意味がなくなる。

　評価の客観性をいうあまり，主観的な評価のよさを見失ってはいないだろ
うか。評価の対象となる価値は，状況によって常に一定ではなく，可変的な
ものである。例えば，絵画や音楽の価値は，その典型ではないだろうか。

　ただし，主観的評価は，評価者と被評価者との間に信頼関係がなくては成
立させることは難しい。学習評価を用いて序列を付けるには，評価の公平性
が求められる。そのため，これまで評価の客観性が求められてきたと言えな
くもない。ただ，これまでも述べてきたように，子どもたち一人一人の資質・
能力を多面的・多角的に評価するには，客観的といわれる評価のみでは不十
分であり，次代が求める資質・能力の育成のためには主観的な評価も取り入
れたい。

　今，世界が求める教育の方向性は，第Ⅰ章で示した OECD が 2030 年に目
指している教育の在り方であり，そこに示されている教育の目標である
「Well-Being（個人的・社会的によりよく幸せに生きること）」は，主観的な
学習評価の内容が機能しなくては，実現することはできない。なぜなら，
「Well-Being」を支える具体の内容として，「The OECD Learning Compass」
に示されている「Creating new Values（新しい価値の創造）」，「Coping
with Tensions & Dilemmas（緊張や対立，ジレンマへの対処）」，「Taking
Responsibilities（責任ある行動）」には，客観的に評価する内容だけではな
く，主観的な評価の内容が多く含まれているからである。

　この「Well-Being」は，新学習指導要領が目指す「どのように社会・世界
と関わり，よりよい人生を送るか（学びに向かう力　人間性等）」にも通じ
る内容である。

　このように，次代を生きる子どもたちに育成すべき資質・能力の内容が大
きく転換しようとしている今日，その資質・能力に対しての学習評価の在り
方にも多様性が求められている。学習評価の在り方に多様性を認めるなら
ば，これまでの評価に対するパラダイムに捕らわれることなく，対象となる
学習価値もさまざまであること気付きたい。

　このように考えたとき，これまで日本の学校教育が求めてきた評価の「客観性」ということは，これからの時代が求める資質・能力の育成に対して，対象とする学習評価の内容を限定してしまってはいないだろうか。客観的な学習評価に対して，一方に主観的な学習評価があり，その存在も大きな意味をもつことに気付きたい。

　価値の判断には，常に客観的なものだけではなく，主観も必要となる。主観的な評価は否定するという考えからのパラダイム転換が，今こそ重要となる。さまざまな評価を柔軟に用いて，次代を生きる子どもたちを多面的・多角的に価値付けたり意味付けたりする主観的な評価もまた，学習評価として大切であることに気づきたい。

　学習評価を通し，子どもたち一人一人の多様な資質・能力を育成する視点をもつために，評価に対するしなやかさが，今，求められる。

学習指導要領と指導要録の推移

※学習指導要領と指導要録の改訂年は小・中学校のもの。

1947（昭和22）年	学習指導要領（試案）
1948（昭和23）年	学籍簿導入　＊昭和24年から指導要録と改称
1951（昭和26）年	学習指導要領（試案）改訂
1958（昭和33）年	**学習指導要領改訂（告示）**　＊「道徳の時間」の特設
1961（昭和36）年	**指導要録改訂**　＊絶対評価を加味した5段階相対評価
1968（昭和43）年	**学習指導要領改訂**
1971（昭和46）年	**指導要録改訂**　＊相対評価としての5段階評価の配分比率の見直し
1977（昭和52）年	**学習指導要領改訂**
1980（昭和55）年	**指導要録改訂**　＊観点別学習状況の評価（「関心・態度」含む）の導入
1989（平成元）年	**学習指導要領改訂**
1991（平成3）年	**指導要録改訂**　＊評価項目の先頭に「関心・意欲・態度」が位置付く
1998（平成10）年	**学習指導要領改訂**
	「今後の地方教育行政の在り方について（答申）」[中央教育審議会, 平成10年9月21日]
2000（平成12）年	「学校教育法施行規則等の一部を改正する省令の施行について（通知）」[文部科学省, 平成12年1月21日]
	「児童生徒の学習と教育課程の実施状況の評価の在り方について（答申）」[教育課程審議会, 平成12年12月4日]
2001（平成13）年	**指導要録改訂**　＊「目標に準拠した評価（いわゆる絶対評価）」の導入
	「小学校児童指導要録, 中学校生徒指導要録, 高等学校生徒指導要録, 中等教育学校生徒指導要録並びに盲学校, 聾（ろう）学校及び養護学校の小学部児童指導要録, 中学部生徒指導要録及び高等部生徒指導要録の改善等について（通知）」[文部科学省初等中等教育局長, 平成13年4月27日]
2002（平成14）年	「小学校設置基準及び中学校設置基準の制定等について」[文部科学事務次官通知, 平成14年3月29日]
	「小学校設置基準」[平成14年3月29日]

2003（平成 15）年	学習指導要領一部改正 ＊歯止め規定の消滅で「発展的な学習内容」が指導可能に
2006（平成 18）年	「義務教育諸学校における学校評価ガイドライン」［文部科学大臣決定，平成 18 年 3 月 27 日］ ＊ 2008（平成 20）年，2010（平成 22）年，2016（平成 28）年に改訂
	「学校評価の推進に関する調査研究協力者会議」［初等中等教育局長裁定，平成 18 年 7 月 5 日］
2007（平成 19）年	「平成 19 年度 第三者評価試行フォーマット」［文部科学省初等中等教育局，平成 19 年 5 月］
	「学校教育法等の一部を改正する法律」［平成 19 年 6 月 27 日］ ＊学力の重要な要素として「知識・技能」，「思考力，判断力，表現力等」，「主体的に学習に取り組む態度」の明示
	「学校評価に係る学校教育法施行規則等の一部を改正する省令について（通知）」［文部科学省初等中等教育局長，平成 19 年 11 月 8 日］
2008（平成 20）年	**学習指導要領改訂**
	「幼稚園、小学校、中学校、高等学校及び特別支援学校の学習指導要領等の改善について（答申）」［平成 20 年 1 月 17 日］
2010（平成 22）年	**指導要録改訂**　＊「目標に準拠した評価」
	「児童生徒の学習評価の在り方について（報告）」［中央教育審議会，2010 年 3 月 24 日］
2012（平成 24）年	「評価規準の作成，評価方法の工夫改善のための参考資料〜新しい学習指導要領を踏まえた生徒一人一人の学習の確実な定着に向けて〜」［国立教育政策研究所，平成 24 年 7 月］
2015（平成 27）年	学習指導要領一部改正　＊道徳の教科化
2016（平成 28）年	「幼稚園，小学校，中学校，高等学校及び特別支援学校の学習指導要領等の改善及び必要な方策等について（答申）」［中央教育審議会，平成 28 年 12 月 21 日］
2017（平成 29）年	**学習指導要領改訂**
2019（平成 31）年	「児童生徒の学習評価の在り方について（報告）」［中央教育審議会，平成 31 年 1 月 21 日］
	文部科学省初等中等教育局長「小学校，中学校，高等学校及び特別支援学校等における児童生徒の学習評価及び指導要録の改善等について（通知）」［平成 31 年 3 月 29 日］

おわりに

　日本の学校教育が，大きな転換点を迎えている。今回の学習指導要領改訂では，特に，授業の在り方と，それに伴う評価に関してのパラダイム転換を求めている。それは，これまでの日本の学校教育における授業が優れていなかったから，ということではない。今日，日本の授業は，世界の中で優れたものとなっている。これまでも優れている日本の授業を，なぜ，今，変えなくてはならないのか。それについて，本書で述べてきた。

　学習評価は，子どもたち一人一人の資質・能力の育成を図るためにある。それは，世界中の教育界でも共通である。評価という用語は，元は産業界から派生してきた言葉であり，工場のラインを管理し生産性を上げるためのものであった。教育における学習評価と産業界における評価とは，評価という言葉は同じであっても，異なる目的と内容になるのは必然かもしれない。

　目標に準拠した評価は，日本のカリキュラムとしての学習指導要領の「内容」の指導「事項」に準拠しており，学習指導要領の内容を日本中の子どもたちに等しく育成するという，教育の機会均等を保障するものにもなっている。この日本の目標準拠評価は，日本の学校教育で学習する内容の基準である学習指導要領の「内容」の指導「事項」を評価規準としているため，全国津々浦々の義務教育の学校における教育の機会均等を保障し，学力の保障にもつながっている。

　日本における評価研究は，これまで海外の研究をもとに行われることが多かった。目標に準拠した評価は，1980〈昭和 55〉年頃の評価研究では，クライテリオン準拠評価（criterion-referenced assessment）としての訳が示されている。そのため，目標に準拠した評価は，クライテリオン準拠評価としてのものといわれているが，この中には量的なものを対象とするドメイン準拠評価（domain-referenced assessment）と，質的なものを対象とするスタンダード準拠評価（standard-referenced assessment）の二つがある。日本の目標に準拠した評価に近いのは，共通の評価規準の必要性からするとスタンダード準拠評価であるが，そこに完全な対応性を認めることはできない。

　日本の学習指導要領をもとにした，目標に準拠した評価における観点別学習状況の評価は，ある意味，日本独自の評価と考えたい。

　学習評価は，それのみが独立してあるものではない。子どもたちに育成すべき資質・能力があり，それを学校の日常の授業において育成し，その学習過程や結果がいかなるものであるのかを，評価によって明らかにすることに意味がある。この一連の学校教育での授業を通した学習を，「指導と評価の一体化」を図るという。

　本書では，今回の学習指導要領改訂において，子どもたちに資質・能力を育成するためのカリキュラム・マネジメントを縦軸に，その過程の中における教育活動を横軸として構成し，評価と授業との関係について明らかにした。そこでは，学校教育の中で育成すべき資質・能力の内容を学習指導要領の指導「事項」に依拠し，それをいかに授業という具体を通して子どもたちに育成するかについて，学習評価の在り方を中心にして位置付けることを行った。

　これまでの日本の学校教育のよさを継承しつつも，次代の子どもたちに，これから必要な資質・能力を学校教育において育成しておかなければ，子どもたちの未来はない。それゆえ，子どもたちによりよい授業が行われなくてはならない。だからこそ，「評価が変わる」ことに合わせ，「授業を変える」ことを行わなくてはなくてはならないのである。この学校教育の転換期に，子どもたちの未来を創るためには，今ある学校教育を一層充実したものとしなくてはならない。そのための一つの指針となるよう，本書を上梓した。

　本書を創るにあたり，学校教育に長く携わられ，経験と知恵とを豊かにおもちの白井達夫先生には，前回の小生の本と同様，第一番目の読者として，多くのご助言とご示唆をいただきました。ありがとうございました。

　また，本書の完成にあたっては，株式会社三省堂の五十嵐伸さん，藤沢慶太さんには，多大なるご尽力を賜りました。感謝申し上げます。

2019 年 4 月
髙木　展郎

髙木展郎（たかぎ・のぶお）

　横浜国立大学名誉教授。中央教育審議会初等中等教育分科会教育課程部会委員。教育課程企画特別部会委員。同高等学校部会主査代理，総則・評価特別部会委員，児童生徒の学習に関するワーキンググループ委員。

　1950年横浜市生まれ。横浜国立大学教育学部卒，兵庫教育大学大学院学校教育研究科言語系修了。東京都公立中学校教諭，神奈川県立高校教諭，筑波大学附属駒場中学・高等学校教諭を経て，福井大学，静岡大学，横浜国立大学に勤務。専門分野は教育方法学，国語科教育学。

　主な著書に『変わる学力、変える授業。』（三省堂，2015年），共編著書に『「チーム学校」を創る』（三省堂，2015年），『『これからの時代に求められる資質・能力の育成』とは』（東洋館出版社，2016年），『新学習指導要領がめざす これからの学校・これからの授業』（小学館，2017年），『高校の国語授業はこう変わる』（三省堂，2018年），『平成30年版 学習指導要領改訂のポイント 高等学校 国語』（明治図書出版，2019年），監修書に『学習指導要領2020「カリキュラム・マネジメント」の進め方』（小学館，2018年）などがある。

評価が変わる、授業を変える
資質・能力を育てるカリキュラム・マネジメントとアセスメントとしての評価

2019年 5 月24日　第 1 刷発行
2022年 2 月14日　第 4 刷発行

著　者　髙木展郎
発行者　株式会社 三省堂　　代表者 瀧本多加志
印刷者　三省堂印刷株式会社
発行所　株式会社 三省堂
　　　　〒101-8371　東京都千代田区神田三崎町二丁目22番14号
　　　　電話　編集(03)3230-9411　営業(03)3230-9412
　　　　https://www.sanseido.co.jp/

©Nobuo Takagi 2019　　　　　　　　　　　　　　　　Printed in Japan

〈評価が変わる・224pp.〉
落丁本・乱丁本はお取り替えいたします。
ISBN978-4-385-36181-9